EU NÃO TENHO LUGAR DE FALA

FRANCISCO VILAS BOAS

EU NÃO TENHO LUGAR DE FALA

Anotações de um homem branco sobre **racismo**, **machismo** e **outros preconceitos**

Labrador

© Francisco Vilas Boas, 2024
Todos os direitos desta edição reservados à Editora Labrador.

Coordenação editorial Pamela J. Oliveira
Assistência editorial Leticia Oliveira, Vanessa Nagayoshi
Projeto gráfico e capa Amanda Chagas
Diagramação Estúdio dS
Preparação de texto Iracy Borges
Revisão Caique Zen Osaka

Dados Internacionais de Catalogação na Publicação (CIP)
Jéssica de Oliveira Molinari - CRB-8/9852

Boas, Francisco Vilas
  Eu não tenho lugar de fala : anotações de um homem branco sobre racismo, machismo e outros preconceitos Francisco Vilas Boas.
  São Paulo : Labrador, 2024.
  96 p.

  ISBN 978-65-5625-699-3

  1. Ciências sociais 2. Racismo 3. Feminismo I. Título

24-4098   CDD 300

Índice para catálogo sistemático:
1. Ciência sociais

Labrador
Diretor-geral Daniel Pinsky
Rua Dr. José Elias, 520, sala 1
Alto da Lapa | 05083-030 | São Paulo | SP
contato@editoralabrador.com.br | (11) 3641-7446
editoralabrador.com.br

A reprodução de qualquer parte desta obra é ilegal e configura uma apropriação indevida dos direitos intelectuais e patrimoniais do autor. A editora não é responsável pelo conteúdo deste livro. O autor conhece os fatos narrados, pelos quais é responsável, assim como se responsabiliza pelos juízos emitidos.

O enfrentamento do racismo e do machismo não
é um ato de bondade, mas de responsabilidade:
temos que desconstruir o sistema que
oprime alguns em benefício de outros.

Lugar de fala não se trata apenas de emitir palavras,
mas de reconhecer as vozes que têm algo a dizer
e que foram silenciadas por muito tempo.

SUMÁRIO

- 9 — PREFÁCIO
- 13 — O HOMEM BRANCO TEM LUGAR DE FALA?
- 33 — UMA BREVE HISTÓRIA SOBRE O RACISMO
- 59 — FEMINISMO *VERSUS* MACHISMO
- 75 — NOTAS SOBRE O FEMINISMO NEGRO
- 81 — PARA NÃO CONCLUIR
- 83 — NOTAS
- 93 — REFERÊNCIAS
- 95 — AGRADECIMENTOS

PREFÁCIO

Ao receber o convite do querido amigo de profissão Francisco Vilas Boas para apresentar este livro, me senti lisonjeada e ao mesmo tempo com muito interesse em realizar a leitura de um tema tão importante e necessário. Contudo, o que aguçou a vontade de ler foi o fato de um homem branco — leia-se meu colega de sala de aula e de vivência profissional — convidar uma mulher negra para prefaciar o seu livro, com um título tão peculiar que gera indagações muito bem direcionadas.

Lendo de forma atenta cada capítulo, pude compreender as inquietudes de Francisco, que certamente ouso pensar como sendo a branquitude crítica. E não basta ter seus anseios ou inquietações, pois é necessário, assim como fez o autor, sair desse papel de se considerar ou se reconhecer como pessoa de privilégios para agir no enfrentamento das questões que nos atingem, pois nós, pessoas negras, somos alvos certos e bem direcionados das discriminações.

A obra é de leitura prazerosa, pois aborda de forma bem elucidativa conteúdos transversais. Certamente, assim como pontuado pelo autor, não houve aprofundamento de todos os pontos explorados, mas há o suficiente para que os leitores, após toda a exposição, direcionem seus estudos através das leituras indicadas a respeito dos temas.

Sendo uma mulher negra e feminista, concordei em inúmeros momentos com a forma assertiva como Francisco expõe suas ideias, até porque deixo nesta oportunidade algo bem esclarecido: somos educadores universitários e na academia percebemos a riqueza da troca, pois passamos conhecimento, mas aprendemos muito mais. E dialogar de forma consciente com pessoas interessadas e dispostas a alterar a denominada "colonialidade do poder" é algo desafiador, mas não impossível, uma vez que estamos no espaço em que podemos fazer e construir através do aprendizado.

Citando bell hooks,[1] "aprendemos desde cedo que nossa devoção ao estudo, à vida do intelecto, era um ato contra-hegemônico, um modo fundamental de resistir a todas as estratégias brancas de colonização racista".[2] O lugar de fala descrito por Francisco remete à proximidade com o universo da branquitude, não aquele visto por nós negros, mas a partir das observações de um homem branco que também resolveu ouvir e trazer as suas asseverações.

As perspectivas trazidas por esta obra oportunizam o início de um debate, mas não em caráter de se justificar ou entender todas as atrocidades irracionais ocorridas na história (até porque não há justificativa para tal). Mas, analisando de uma forma crítica, é uma proposição de interesse de luta por meio da educação, que, ainda no escopo de bell hooks, possibilita práticas para uma pedagogia revolucionária que também é uma linha de enfrentamento de todas as formas de discriminação.

Na medida em que o autor disserta sobre o feminismo negro tangenciando sua construção de pensamento, não posso deixar de levar a efeito uma escritora por quem tenho muito apreço, que é Patricia Hill Collins. O pensamento de Francisco vai ao encontro das ideias de Collins, uma vez que a sua escrita se fundamenta e se inspira em intelectuais negras, onde ainda me insere, gerando não apenas um sentimento lisonjeiro, mas também de grande responsabilidade, pois a importância de nossas contribuições é um reconhecimento potencial e catalisador de mudanças sociais.

Este livro é um passo importante para que pensemos a continuidade da análise dos nossos lugares sociais, pois, como descrito no último capítulo, o assunto aqui não se esgotará e serve de fomento para que possamos galgar e desenvolver um senso crítico que de fato nos leve a desarticular o que está muito bem articulado em séculos, e passemos a (re)escrever uma nova história.

Por fim, entre essas e outras razões que se desvelam no conteúdo didático e instigante deste livro, é com incomensurável satisfação que lhes recomendo e apresento esta obra. E desde já digo: leiam de forma vagarosa e detida para que consigam extrair ao máximo o que a obra pode lhes proporcionar. O meu desejo é de boa leitura e de grandes transformações!

PROFA. ZÁIRA PEREIRA
Vice-presidente da Comissão da Igualdade Racial e
Verdade Sobre a Escravidão da OAB/MG (222ª Subseção)
Integrante do grupo de juristas negras Black Sisters in Law

O HOMEM BRANCO TEM LUGAR DE FALA?

Vamos começar pelo começo.
 A ideia deste livro surgiu numa discussão pseudocientífica em que ouvi que os homens brancos, héteros, de classe média e escolarizados não teriam lugar de fala, já que não teriam a representatividade dos grupos que historicamente foram discriminados.

Como tenho todas essas características, achei curiosa a afirmação, pois, pelo que lembro, nunca me foi negado o lugar de fala em razão da minha cor, identidade de gênero, classe social ou formação.

E numa brevíssima pesquisa pela internet, descobri que não são raros os casos de homens brancos que se colocam numa condição de vítimas de uma sociedade que não lhes proporciona o chamado lugar de fala. A alegação mais curiosa que encontrei foi que aquelas ou aqueles que culturalmente foram colocados à margem é que ocupariam o palanque e que teriam a voz nesse enigmático lugar.

Minha reação foi: "é sério isso!?".

Confesso que não sei se essas afirmações são sustentadas em desconhecimento, hipocrisia ou constituem uma ignorância mal-intencionada. Mas percebendo que tais afirmações vieram de personalidades do meio político, artístico ou acadêmico, que para o bem e para o mal ajudam a formar a opinião das pessoas, resolvi transcrever algumas das minhas inquietações.

Para falar do lugar de fala, fazemos a pergunta: que lugar é esse?

Penso que o desconhecimento é resolvido com o conhecimento cultural, acadêmico ou científico; e ao pesquisar sobre o tema, encontrei o livro *O que é lugar de fala?*, de Djamila Ribeiro, filósofa e escritora por mim já conhecida quando tive a oportunidade de ler o *Pequeno manual antirracista*. Já a hipocrisia e as ignorâncias mal-intencionadas, usando as palavras da própria Djamila, são combatidas com "um debate mais saudável, honesto e com qualidade, que não busca impor uma epistemologia da verdade, mas busca contribuir para mostrar as diferentes perspectivas".[3]

E o primeiro ponto que devemos entender é que o lugar de fala não se refere à narrativa pessoal ou individual. Quando falamos desse lugar, não nos referimos necessariamente ao lugar de fala da Maria enquanto Maria ou do João enquanto João, pois apesar de a experiência pessoal ser extremamente importante, não é ela que demarca o lugar de fala.

Lugar de fala, na perspectiva que entendemos, refere-se muito mais ao espaço ou *locus* social onde a pessoa que fala está inserida.

—

Quando se fala em lugar de fala, fala-se em existência no mais amplo sentido do termo e, para não fugir ao conceito trabalhado por Djamila, "o falar não se restringe ao ato de emitir palavras, mas ao ato de existir no mundo".[3]

Cogito ergo sum ou "penso, logo existo" é uma reflexão filosófica que nos permite afirmar que o ato de existir enquanto humano passa pela consciência dessa existência e que essa existência se dá no mundo e se dá com os outros. Mas esse existir no mundo exige não apenas uma "sobrevivência", mas uma "vivência" de fato; e essa vivência pressupõe que o falar compõe o existir.

Dessa forma, lugar de fala é o reconhecimento não só de que existimos no mundo, mas também de que estamos localizados nele. Essa localização se dá a partir de diversos fatores naturais, sociais, culturais etc., sendo muito importante que saibamos que o ser humano é um ser com os outros e esse ser com os outros pressupõe qual é o *locus* social.

Assim, ao pensar sobre isso, precisamos entender que todo mundo tem lugar de fala e que esse lugar de cada um não é um lugar individual, mas um lugar que compreende o *locus* social do qual fazemos parte.

Por isso afirmo que o meu lugar de fala é o meu lugar de existência no mundo.

—

Mas do que eu posso falar? Só posso falar sobre o meu *locus*?

Perguntando de outro jeito: só o negro pode falar de antirracismo ou somente a mulher poderá falar de feminismo?

Como bem disse Djamila Ribeiro,[3] afirmar que só o negro pode falar de racismo ou que somente a mulher poderá falar contra o machismo gera um reducionismo teórico gigantesco.

Afirmações reducionistas decorrem de uma enorme confusão daqueles que misturam lugar de fala com representatividade. Enquanto homem branco eu não represento, caracteristicamente, nem os negros nem as mulheres. Mas eu posso falar contra o racismo e contra o machismo? Claro!

Desde que eu tenha a consciência de que eu falo a partir do meu lugar de existência, ou seja, do meu lugar de homem branco.

É preciso deixar claro que ao falar contra o racismo eu não falo enquanto tutor ou protetor das pessoas negras, e ao falar contra o machismo eu também não sou o tutor ou o protetor das mulheres. Elas e eles possuem autonomia, conhecimento, preparo e capacidade suficientes para falarem *per se*, e esse conhecimento, preparo, capacidade e autonomia não foram dados a elas e eles, mas foram conquistados, às vezes a partir de um preço extremamente elevado. Tampouco tenho alguma coisa para ensinar às pessoas vítimas de racismo, machismo ou de outras formas de preconceito; nesse diálogo eu espero apenas aprender.

Eu não falo por eles, mas falo com eles, ou seja, falo enquanto consciente da minha condição, e a minha condição pode servir de eco ou coro contra o racismo e contra o machismo. Talvez isso seja visto como uma dose de empatia ou de solidariedade...

Também não falo como representante do grupo hegemônico (pessoas brancas, principalmente homens), pois eu não fui eleito nem tenho legitimidade para tal. Falo a partir da consciência da importância de enfrentamento do racismo, do machismo e das diversas formas de preconceito.

Se eu não falo do lugar de fala dos silenciados, se não tenho nada a lhes ensinar e se não falo enquanto representante da fala dominante, por que eu falo?

Falo porque a narrativa dominante é um conto de fadas espetacular, mas também é um conjunto de ações condenáveis. Falo porque o racismo e o machismo não foram apenas cientificamente descartados, mas também são moralmente reprováveis. Falo porque concordo com Manoel de Barros e busco "transver o mundo".[4] Falo, não porque as pessoas vítimas de preconceito precisam da minha fala, mas porque eu não concordo com a narrativa do preconceito e da segregação. Falo porque o lugar de fala do homem branco não pode ser desonesto e desconsiderar o contexto histórico da opressão. Falo porque ideias preconceituosas como o racismo e o machismo são ideias que foram historicamente malconceituadas. Falo porque precisamos parar com os delírios de supremacia e de controle de um povo sobre o outro. Falo porque o nosso senso de justiça e de democracia precisa ser atualizado para incluir e não para segregar. Falo porque precisamos caminhar na esperança e não mais no desespero. Falo porque aqueles que defendem formas de preconceito estão limitados a uma visão de mundo que não deveria mais existir.

Então... deveria eu me autocensurar?

Como podem ver, não optei pela autocensura, mas pelo diálogo.

Assim, tanto a Maria quanto o João podem falar contra o racismo, contra o machismo, sobre física quântica ou sobre a melhor política econômica para um país como o Brasil.

Limitar a fala contra o racismo para aqueles que o sofrem, além de reduzir o aprofundamento do debate, limita a fala do negro, da mulher, do indígena etc. Seria o mesmo que dizer que eles só poderiam falar sobre racismo ou que as mulheres só poderiam falar de feminismo. Como na provocação de Djamila, "a travesti negra também pode falar de astrofísica e não somente sobre ser uma travesti negra".[3]

—

Então...

Quem pode falar? Do que elas/eles falam? Do que nós falamos? Podemos falar sobre tudo ou somente sobre o que nos permitem falar?

Todos podemos falar e podemos falar sobre tudo, mas com a consciência de que partimos de lugares distintos. Assim como a travesti negra pode falar sobre filosofia, física, política ou sobre uma nova teoria jurídica, eu, Francisco, posso falar da necessidade de se combater o racismo, o machismo e as outras formas de preconceito.

E para quem falamos?

Enquanto seres humanos, falamos não apenas porque podemos e queremos, mas para que os outros possam ouvir.

Um ponto importante é que, ao falarmos sobre lugar de fala, trazemos à tona algumas verdades que para a narrativa dominante talvez sejam desagradáveis demais de serem ouvidas. Destaco que, no contexto deste texto, narrativa dominante é entendida como aquela que ao longo da história não foi calada nem cerceada em sua fala, ao passo que a narrativa marginal seria aquela que historicamente foi silenciada ou não ouvida.

E não basta que a narrativa marginal tenha lugar de fala, mas é essencial que o grupo hegemônico (que detém a narrativa dominante) esteja disposto a ouvir. Um possível problema, como alertado num diálogo entre as personagens Thelonious "Monk" e Arthur no filme *American fiction*,[5] seria que os brancos não querem ouvir a verdade, mas apenas aquilo que possa absolvê-los.

É por isso que, ao entendermos que o lugar de fala é referente à localização social e cultural, compreendemos também que não partimos todos nem do mesmo lugar de fala nem do mesmo lugar de escuta.

A narrativa dominante fala e escuta a partir de um lugar que não foi historicamente silenciado. O ponto de partida é a história que é contada pelos vencedores.

Por exemplo: muitos livros de história trazem que o Brasil nasceu com a chegada dos portugueses, como se não existissem povos nativos ou um território antes dos europeus. Os nativos, nessa narrativa dominante, são descritos como uma população ingênua, com um estilo de vida primitivo, e como um povo não civilizado.

Mas atualmente, com uma nova narrativa a partir da perspectiva dos povos indígenas, temos que a história do nosso território (chamado de Pindorama pelos tupis-guaranis), tem muito mais do que quinhentos anos e que os europeus não descobriram o novo mundo, mas, como afirma Ailton Krenak,[6] apenas chegaram nele.

E assim, quando falamos em lugar de fala, falamos da história contada também pelos vencidos e não somente da "estória" contada pelos vencedores. Vencidos não apenas porque foram eventualmente derrotados pelo poder bélico ou militar, mas porque foram historicamente silenciados, pois é importante que saibamos que a história não possui uma única narrativa, mas pode conter dezenas de narrativas alternativas que às vezes são silenciadas pela narrativa dominante.

Esse "silenciados" possui um duplo sentido, pois é referente tanto ao lugar de fala que foi negado quanto ao lugar de escuta do grupo hegemônico que ignora os outros tipos de fala e as outras versões contadas. A reflexão é que, se não há ninguém para me ouvir, a minha fala será apenas um eco do silêncio.

Mas é preciso desafiar as convenções e crenças dominantes, não só para dar experiências iguais a todos, mas para dar valores iguais às narrativas diferentes. Uma atual defesa da narrativa dominante que deixa de lado as narrativas silenciadas não deixa de conter um tanto de vaidade, mas é preciso deixar a vaidade e o egoísmo de lado para que possamos fazer a coisa certa.

Afinal de contas, democracia só é democracia se ela for um empreendimento compartilhado de pessoas unidas na diversidade. Racismo, machismo, transfobia e outras formas de preconceito são problemas nossos e da nossa democracia. Mesmo que algumas pessoas tenham limitações para lidar com outras que pensam diferente, como afirma Pedro Gontijo, "para os problemas democráticos, a solução é mais democracia",[7] ou seja, a democracia brasileira depende do diálogo de nós brasileiros.

—

Uma acusação comum é que a fala marginalizada é violenta. Bem... se eu fosse amordaçado, açoitado, silenciado e condenado ao esquecimento da minha própria história, provavelmente eu reagiria de forma violenta.

Mas, por incrível que pareça, a fala dos historicamente silenciados não é violenta, pois, como adverte Djamila Ribeiro,[3] ela é apenas uma reação ou uma insurgência contra a violência do silêncio que foi historicamente imposta.

Você não precisa ser um historiador ou sociólogo para ter a percepção de que alguns grupos foram relegados ao silêncio. Pessoas negras e nativas indígenas, durante a maior parte da nossa história, foram submetidas à escravidão e não foram tratadas como seres humanos, mas como coisas. A filósofa brasileira Marilena Chauí,[8] inclusive, ensina que uma das piores violências é a coisificação do ser humano, pois isso retira aquilo que seria mais precioso, que é a sua dignidade.

E mesmo com a abolição da escravidão as pessoas negras não tiveram acesso à educação formal, ao saneamento básico e a condições razoáveis de trabalho. Não podiam votar ou serem votadas. Não eram consideradas capazes. Saíram da condição de coisa para a condição de infantilidade. Sobre isso, li certa vez num outdoor que a princesa assinou a lei da abolição, mas esqueceu-se de assinar a carteira de trabalho.

Por sinal, a infantilidade foi uma condição imposta durante muito tempo às mulheres, que não podiam sequer trabalhar ou estudar sem a autorização dos pais ou do marido. Elas não tinham o direito de voto até meados do século passado, pois não eram consideradas como plenamente capazes.

Mas isso é coisa do passado... Será?

Sem entrar no mérito se foi certo ou errado, a única mulher eleita presidente do Brasil viu o seu mandato ser objeto de impeachment. Na história do STF (Supremo Tribunal Federal), até o ano de 2024 tivemos mais de 160 ministros, dos quais apenas três foram mulheres, e atualmente temos uma única ministra ocupando uma vaga no Supremo. Essa ministra, por sua vez, segundo notícias veiculadas na imprensa nacional, se viu numa situação de *manterrupting*, que ocorre quando uma mulher não consegue concluir a fala por ser interrompida várias vezes pelos homens. Sobre essa situação, ocorrida no ano de 2022, a ministra asseverou: "Mesmo que suprimam, eu faço valer o meu direito de falar e de votar. Nós mulheres não temos cerimônia".[9]

Quanto aos ocupantes negros na Suprema Corte, não tivemos ministros suficientes para contar nos dedos de uma única mão. Mulheres negras ou homens e mulheres indígenas nunca ocuparam esse espaço, pelo menos até o ano de 2024.

Outro dado interessante é que ao longo dos seus quase 100 anos, a OAB-Nacional (Ordem dos

Advogados do Brasil) já teve mais de trinta presidentes, todos homens e nenhuma mulher, apesar de atualmente termos mais advogadas do que advogados no nosso país.

Situações como as exemplificadas não são coisas do passado e configuram uma trajetória histórica da imposição do silêncio. É como se disséssemos para determinada pessoa: "esse lugar não é para você!".

—

Uma acusação que também existe, como pontuado por Djamila,[3] está na tentativa de deslegitimar o lugar de fala dos historicamente marginalizados, com a acusação de que são parciais ou de que falam a partir de experiências; de que não falam a partir de fatos ou da objetividade científica.

A afirmação de que na fala de grupos minoritários não existe neutralidade é, no mínimo, amadora. No século XXI já temos a percepção de que não existe uma plena neutralidade ou imparcialidade científica, pois todos estamos inseridos em algum contexto que nos condiciona. A plena neutralidade científica é um mito, pois não existe um observador totalmente imparcial e distante do objeto observado, já que toda observação se dá a partir dos valores daquele que observa. E como afirmou Paulo Freire, "não existe imparcialidade, todos somos orientados por uma base ideológica. A questão é: sua base ideológica é inclusiva ou excludente?".[10]

Por isso, temos que o conhecimento não pode ser neutro. Tentam deslegitimar o lugar de fala da mulher negra ou do homem negro utilizando o argumento de que nós (brancos) temos fatos e eles (negros) têm opiniões; que nós somos objetivos e imparciais e que eles são subjetivos e parciais; nós, brancos, temos o conhecimento, e eles apenas a experiência. Por outro lado, como afirma Djamila Ribeiro,[3] essa forma de pensar é uma violência, pois deslegitima o lugar de fala do intelectual negro.

—

Ao falarmos do lugar de fala, precisamos ecoar a fala daqueles que foram silenciados e precisamos contrariar a ideia de que apenas um grupo estaria legitimado a falar.

É preciso dar voz aos historicamente silenciados ou, como foi descrito no discurso de posse do ex-Ministro de Direitos Humanos em 2023[11], precisamos "não esquecer dos esquecidos".

Na ocasião, ainda foi destacado:

> Por isso, permitam-me, como primeiro ato como ministro, dizer o óbvio, o óbvio que, no entanto, foi negado nos últimos quatro anos:
> Trabalhadoras e trabalhadores do Brasil, vocês existem e são valiosos para nós. Mulheres do Brasil, vocês existem e são valiosas para nós. Homens e mulheres pretos e pretas do Brasil, vocês existem e são valiosos para nós. Povos indígenas deste país, vocês existem e são valiosos para nós. Pessoas lésbicas, gays, bissexuais, transexuais, travestis, intersexo e não binárias, vocês existem e são valiosas para nós. Pessoas em situação de rua, vocês existem e são valiosas para nós. Pessoas com deficiência, pessoas idosas, anistiados e filhos de anistiados, vítimas de violência,

vítimas da fome e da falta de moradia, pessoas que sofrem com a falta de acesso à saúde, companheiras empregadas domésticas, todos e todas que sofrem com a falta de transporte, todos e todas que têm seus direitos violados, vocês existem e são valiosos para nós.

Com esse compromisso, quero ser ministro de um país que ponha a vida e a dignidade humana em primeiro lugar.[11]

Um ponto crucial para ser entendido é que o lugar de fala da mulher, do negro, da mulher negra, do indígena, do LGBTQIAP+ ou de qualquer grupo minoritário, não é um lugar de fala que foi concedido pela narrativa dominante. Esse lugar de fala foi conquistado com muita luta, inspiração e expiração, por pessoas como Luiz Gama, Carolina Maria de Jesus, Sojourner Truth, bell hooks, Luther King, Judith Butler, Simone de Beauvoir, Ailton Krenak, Cida Bento, Conceição Evaristo, Milton Santos, Sônia Guajajara, Djamila Ribeiro e muitos outros. Como dito, ecoar o lugar de fala daqueles que foram silenciados é ter empatia e solidariedade; é ser contra a ideia hegemônica que autoriza apenas um grupo a falar.

Ser empático e solidário é ter consciência de que a dor do outro também pode ser sua. E ouvir a versão dos vencidos às vezes é até mais importante do que se limitar à versão dos vencedores. O quadrinista Marcelo D'Salete sabe disso e com a sua história *Cumbe*[12] narrou a escravidão a partir do ponto de vista dos escravizados.

Outro ponto crucial é a compreensão de que o lugar de fala dos grupos minoritários não retira o lugar de fala da narrativa dominante. O homem branco, hétero, classe média e escolarizado não perdeu o seu *locus dicere*; ele permanece e permanecerá falando do mesmo lugar de que sempre falou.

A questão é: o que ele fala? Ele pode falar qualquer coisa?

Todo mundo tem lugar de fala e todo mundo pode falar sobre tudo, mas há uma ressalva: apesar de podermos falar sobre tudo, não podemos falar qualquer coisa!

Por incrível que pareça, isso não é uma contradição!

Como professor de cursos de direito, sempre menciono que a nossa Constituição garante a liberdade de expressão. Está lá no artigo 5º, inciso IV do texto constitucional que é livre a manifestação do pensamento. A livre manifestação do pensamento, ou liberdade de expressão, é prevista também no artigo 13 da Convenção Americana de Direitos Humanos.

Mas o que algumas pessoas parecem não entender é que a liberdade de expressão não autoriza que uma pessoa pratique uma violência contra outra.

Já falamos da imposição do silêncio como forma de violência, mas a fala também pode ser uma violência e isso não é uma simples reflexão filosófica. A Lei 11.340/2006 trouxe expressamente que, dentre as suas diversas formas, a violência pode ser psicológica ou moral.

Pela definição legal, se uma pessoa defende ou sugere a criação de um partido nazista, estaremos diante de uma possível violência psicológica contra o povo judeu. Uma piada de cunho machista, racista, transfóbico ou contra pessoas com algum tipo de incapacidade física pode configurar uma violência psicológica contra essas pessoas ou grupos.

Por falar em piadas, o humor não é uma licença para a prática de violência ou discriminação contra as pessoas. Porque brincando, se estimulam um racismo aqui, um machismo ali, um homicídio ou estupro acolá...

Já a violência moral é definida na lei como qualquer conduta que configure calúnia, difamação ou injúria. Essas três condutas são descritas no Código Penal como criminosas e consistem em ofensas contra a honra das pessoas quando, por exemplo, alguém é ofendido por um xingamento ou adjetivo pejorativo (injúria) ou é falsamente acusado de um crime (calúnia) ou acusado de uma conduta vexatória (difamação). Se você tem alguma dúvida sobre isso, é só consultar os artigos 138, 139 e 140 do Código Penal.

Então... podemos falar sobre tudo?

Sim, mas não podemos falar qualquer coisa. A liberdade de expressão é uma garantia fundamental que temos em uma democracia, mas na democracia não podemos admitir que pessoas estejam autorizadas a praticar violências contra as outras.

A liberdade de expressão é um escudo que possuímos para nos manifestar principalmente contra os abusos e as arbitrariedades do Estado, mas não pode ser uma espada que nos autoriza a sermos violentos contra os outros.

A propósito... *fake news* não é liberdade de expressão!

—

Ok... mas do que os homens brancos falam?

Historicamente os homens brancos sempre ocuparam os principais lugares de fala, ou seja, sempre existiram em sua plenitude. Mulheres eram pessoas de segunda classe, os homens negros de terceira, as mulheres negras não eram nem categorizadas e os indígenas simplesmente eram esquecidos e, de vez em quando, lembrados como um povo primitivo ou não civilizado. As pessoas LGBTQIAP+ sequer entravam na equação.

Por falar nos indígenas, conhecemos a história na versão da colonização e de como trouxemos para eles a cultura, o progresso e o desenvolvimento. Certa vez ouvi de um aluno, num evento sobre o Dia dos Povos Indígenas (19 de abril), que eles eram preguiçosos e que não gostavam de trabalhar. Indaguei de onde o aluno tirara aquela informação e ele disse que conheceu alguns indígenas que só queriam ficar na rede e no rio pescando, mas não queriam "capinar um lote". Na hora pensei que também prefiro ficar na rede do que na enxada, mas eu não levei a conversa para esse lado.

Essa visão da preguiça indígena é mais uma daquelas "estórias" contadas pelos vencedores. Temos a lógica da produtividade do capitalismo, como se esse fosse o único modelo correto ou único estilo possível de se viver. Porém, como bem lembrou o professor israelense Yuval Harari,[13] não existe uma única forma correta de viver que possa ser imposta aos *sapiens*.

Falando ainda dos povos indígenas, hoje há uma preocupação global com a proteção do meio ambiente e dos recursos naturais. Mas temos que lembrar que historicamente a ação dos homens brancos sempre foi exploratória, degradando os recursos ambientais a partir da extração das matérias-primas ou das riquezas que eles consideravam importantes (ouro, petróleo, diamante, silício, pessoas etc.). Já os nativos americanos, dentre eles os brasileiros tupis-guaranis, entendiam o meio ambiente como um ser vivente e entendiam a importância da comunhão homem-natureza.

É extraordinário perceber que os povos indígenas, primitivos e não civilizados, já sabiam há muito tempo o que só recentemente os povos civilizados descobriram. Sobre isso, temos as reflexões de Ailton Krenak:

> Quando falo de humanidade não estou falando só do *Homo sapiens*, me refiro a uma imensidão de seres que nós excluímos desde sempre: caçamos baleia, tiramos barbatana de tubarão, matamos leão e o penduramos na parede para mostrar que somos mais bravos que ele. Além da matança de todos os outros humanos que a gente achou que não tinham nada, que estavam aí só para nos suprir com roupa, comida, abrigo. Somos a praga do planeta, uma espécie de ameba gigante. Ao longo da história, os humanos, aliás, esse clube exclusivo da humanidade — que está na Declaração Universal dos Direitos Humanos e nos protocolos das instituições —, foram devastando tudo ao seu redor. É como se tivessem elegido uma casta, a humanidade, e todos que estão fora dela são a sub-humanidade. Não são só os caiçaras, quilombolas e povos indígenas, mas toda vida que deliberadamente largamos à margem do caminho. E o caminho é o progresso: essa ideia prospectiva de que estamos indo para algum lugar. Há um horizonte, estamos indo para

lá, e vamos largando no percurso tudo que não interessa, o que sobra, a sub-humanidade — alguns de nós fazemos parte dela.[14]

Por isso, quando falamos do lugar de fala do homem branco, temos que reconhecer que essa fala é historicamente segregativa, discriminatória e exploratória. A fala dominante nunca foi um lugar de fala mansa, mas de uma fala violenta e excludente.

Entretanto, penso que o lugar de fala do homem branco precisa ser outro. O lugar de fala do homem branco deve ser, como nas lições de Paulo Freire, inclusivo. Deve ser um lugar onde reina a esperança do verbo esperançar, ou seja, um lugar de fala que dialogue com os outros lugares de fala, principalmente com aqueles que historicamente foram silenciados.

O homem branco tem lugar de fala?

Tem! Mas esse lugar não pode ser aquele que separa, que desagrega, que desliga, que desune ou que violenta. O lugar de fala do homem branco precisa ser inclusivo, abrangente, integral e extensivo. O lugar de fala do homem branco deve ser o lugar do ser com o outro. Não apenas do outro como ele, mas do outro outro. Deve ser um lugar de fala como na compreensão do *ubuntu*,[15] expressão comum na África do Sul que propõe que uma pessoa só é uma pessoa na interseção com outra, ou seja, somos humanos apenas se "somos juntos".

E se você tiver dúvida de que lugar é esse, a sugestão é que o seu lugar de fala se torne um eco das falas dos grupos que foram silenciados, assim como no poema de Cláudio Bento, poeta negro do Vale do Jequitinhonha: "para que você saiba garimpar no fundo do oceano o desejo secreto das palavras que precisam ser ditas".[16]

―

No livro *Quem tem medo do feminismo negro?*, Djamila Ribeiro lança a seguinte pergunta: "homens brancos podem protagonizar a luta feminista e antirracista?".[17]

Em resposta à pergunta, Djamila pondera que não quer mais ser objeto de estudo, e sim o sujeito da pesquisa. Ela complementa com a afirmação de que o negro ou a mulher já estão fora de vários espaços, e um verdadeiro aliado não falaria por eles, mas veria a importância da fala negra ou feminina, que são *per se*.

Concordo 110% com Djamila; é por isso que neste texto não falo pelos negros, negras, indígenas ou qualquer outro grupo. Como afirmei antes, eu falo com eles e não por eles.

Procuro neste livro, a partir do meu espaço de privilégio branco, seguir a sugestão da filósofa Djamila para dar espaço aos grupos que foram historicamente discriminados. É por isso que as ideias tratadas aqui não são minhas, mas referenciadas principalmente a partir de intelectuais negros, indígenas, latinos, africanos, brancos etc.

A ideia deste livro não é ser protagonista da fala feminista ou antirracista. Não quero ser protagonista de algo que não sou. A ideia é ser complementar, ser eco. É uma ideia de empatia.

Sobre a distorção de que os homens brancos não possuem lugar de fala, registro a reflexão de Izabel Accioly:

> Há uma ideia de que apenas indivíduos que fazem parte de minorias sociais teriam lugar de fala. Quando uma pessoa branca, cis, hétero diz que não tem lugar de fala, ela está expressando uma pretensa ideia de universalidade — "diferente é o outro, não eu".
> Partem da ideia de que cisgeneridade, branquitude e heterossexualidade não são marcadores sociais, mas identidades neutras. Não mencionar essas identidades faz com que esses grupos não tenham seu poder apontado, questionado, problematizado.
> Para além da não percepção enquanto ser universal, existe também a falsa ideia de que o conceito de lugar de fala serviria como censura, faria pessoas se calarem. Na verdade, o lugar de fala está mais ligado à perspectiva de onde se olha e narra, do que propriamente sobre autorização para falar. Não somos todos iguais, portanto, é importante situar as narrativas — social, econômica, política e culturalmente.[18]

UMA BREVE HISTÓRIA SOBRE O RACISMO

"O negro só é livre quando morre" é uma citação muito conhecida da escritora Maria Carolina de Jesus, autora de *Quarto de despejo*.[19] Essa consciência sobre o papel discriminatório sofrido pelas pessoas negras é importante para aprendermos um pouco sobre o racismo.

E mesmo quando o negro morre, a discriminação insiste em persegui-lo. Um triste exemplo dessa discriminação ocorreu com a vandalização da estátua de Benjamim Chaves na cidade de Pará de Minas. Benjamim, conhecido como o primeiro palhaço negro brasileiro, é um ícone da nossa arte, sendo homenageado em diversos livros, exposições e espetáculos. Ele também foi enredo das escolas de samba São Clemente, em 2009 e Acadêmicos do Salgueiro, em 2020. Apesar da importância de Benjamim para a nossa cultura, sua estátua foi pichada com a suástica nazista em 2017.[20]

No documentário *Stamped from the beginning*,[21] baseado na obra de Ibram X. Kendi, com participação de Angela Davis e direção de Roger Ross Williams, temos a pergunta: "o que os pretos têm de errado?".

A pergunta do documentário é provocativa e nos traz um questionamento sobre como teria surgido o racismo, uma vez que da perspectiva científica, como explica Lorenza Coppola Bove,[22] não existem diferentes raças humanas.

Bove esclarece que não existem diferentes raças humanas do ponto de vista genético ou biológico, porque as raças do reino animal, na visão científica, dizem respeito ao grupo de indivíduos que se diferenciam por características adaptativas ao meio ambiente e não é isso o que ocorre com os seres humanos.

A diversidade humana não se dá enquanto diversidade racial, mas em razão das características culturais e sociais de cada grupo de indivíduos que estão espalhados pelo mundo.

Por isso é importante compreender que o termo "raças humanas" não parte de uma análise biológica, mas de uma construção cultural e social. As raças caucasiana, indígena, negra, asiática etc. não existem na natureza, mas foram produtos da construção imaginativa do ser humano.

—

Se na natureza não existem raças humanas, qual a origem do racismo?

Não existem raças humanas, mas já existiram outras espécies humanas além da nossa. Yuval Harari menciona dentre as várias espécies o *Homo habilis*, o *Homo rudolfensis*, os neandertais etc. Hoje pertencemos todos à mesma espécie (*sapiens*), ou seja, compartilhamos todos da mesma história biológica.

Então... por que existe o racismo?

Em *Stamped from the beginning* é mencionado que Jefferson Davis, que foi um presidente americano no século XIX, defendia a teoria da superioridade racial, pois essa seria a vontade divina, conforme o mito de Cam, filho de Noé.

Segundo o mito, Noé foi pai de Jafé, Sem e Cam. Por um descontentamento com Cam, Noé teria dito a Canaã (seu neto e filho de Cam): "maldito seja Canaã, seja servo dos servos para seus irmãos".

Na narrativa, Cam e Canaã teriam dado origem aos africanos (condenados a serem servos dos seus irmãos), enquanto Sem deu origem aos árabes e hebreus e Jafé teria dado origem aos europeus.

Essa foi uma interpretação manipulada e distorcida de um trecho bíblico para justificar a diferença entre as raças. Por outro lado, acredito que o verdadeiro fator da origem do racismo seja econômico, pois não ignoro o fato de que Jefferson Davis era um latifundiário produtor de algodão e que dependia da exploração escrava em suas fazendas.

A questão econômica fica clara ao analisarmos a origem do tráfico negreiro. Em inglês, a palavra "escravo" escreve-se *slave*, que deriva de *slavic* (eslavo). Ibram X. Kendi[21] descreve que, em determinado período da história europeia, parte das pessoas escravizadas era de brancos eslavos do leste europeu.

Isso teria mudado por volta da década de 1440, quando a Coroa de Portugal percebeu a viabilidade econômica da escravização de africanos, pois estes não conseguiriam fugir para os países de origem — mais distantes — nem se misturar com as demais pessoas, em razão das marcantes diferenças de costumes e do tom da pele.

Segundo Ibram X. Kendi, o sucesso dessa empreitada portuguesa deve-se a Gomes Zurara que, nas suas crônicas publicadas entre os anos de 1450 e 1460 (que se tornariam best-seller na época), defendia a supremacia europeia e a inferioridade africana. Se existia uma resistência à escravização dos eslavos (brancos e iguais), passou a não existir em relação aos africanos (negros e diferentes), já que eles não eram considerados humanos. Entendia-se que as pessoas africanas eram seres não civilizados, afastados de Deus e que não possuíam o intelecto privilegiado e elevado dos europeus.

Lorenza Coppola Bove[22] afirma que o colonialismo e a escravidão foram importantes motores para o surgimento do racismo, já que era preciso justificar a inferioridade das pessoas indígenas e negras. Além de justificativas bíblicas, ela explica que houve uma busca por um amparo científico, como nos casos de Blumenbach e Joseph Gall, que procuraram justificar a superioridade europeia e a inferioridade africana a partir da morfologia craniana, o que ficou conhecido como frenologia. Deixo registrado que desde Pierre Flourens e de Paul Broca (cientistas do século XIX), a frenologia não é considerada ciência, mas um pseudoconhecimento sem nenhum amparo acadêmico. A frenologia está mais para ficção científica do que para fato científico e é preciso separarmos a ficção da realidade. O espantoso é a quantidade de pessoas que se convenceram dessas fantasias inventadas.

As desculpas pseudorreligiosas e pseudocientíficas, além de configurarem uma alucinação coletiva delirante, escondiam que o verdadeiro interesse era econômico. Foi uma hipocrisia afirmar que a exploração de alguém era a vontade de Deus ou embasada na ciência. As justificativas da escravidão em Deus ou na ciência foram tentativas de manutenção dos próprios privilégios e arbítrios.

O fato é que a economia europeia e norte-americana dependia dos territórios colonizados e da exploração dos escravos, mas... como justificar o injustificável? Como justificar o desenvolvimento econômico a partir da exploração de seres humanos?

Fácil... era só retirar-lhes a humanidade, já que seres inferiores não poderiam ser considerados como humanos.

Não havia remorso na escravização de indígenas e negros porque eles não eram considerados pessoas. O escravo era um bem, um patrimônio do seu senhor. Podia ser comprado, vendido, castrado, açoitado e estuprado. Ninguém se importava porque ele não era ninguém, era coisa.

O valor do escravo estava na sua produção e no seu trabalho. Nos Estados Unidos, por exemplo, pessoas escravizadas podiam ser dadas como ativos bancários e como garantia de empréstimos, como se fossem gado.

Fato é que o fator econômico, principal motivo para a escravidão, foi maquiado pela justificativa religiosa ou científica.

"Ah, mas as pessoas brancas também foram escravizadas. Temos os brancos eslavos do leste europeu...". É comum ouvirmos isso. Também ouvimos que a escravidão já existia no continente africano, onde negros escravizavam negros.

Isso é verdade! Mas há uma enorme diferença entre os modelos de escravização. Os eslavos e outros brancos escravizados se encontravam nessa situação exploratória principalmente por dívidas contraídas, ou como no caso do Império Romano, quando povos eram vencidos numa guerra. O mesmo ocorreu com a escravização de povos africanos por outros povos africanos.

Primeiro é preciso entender que não existe um único povo africano, mas um conjunto de povos diferentes, com culturas e idiomas diferentes que ocupam o continente que chamamos de África. Esses povos também guerreavam entre si e os vencidos eram escravizados, bem como aqueles que não pagavam as suas dívidas.

Porém, esses modelos de escravização não tinham finalidade econômica e tampouco visavam o lucro. As economias locais dos povos africanos, com exceção talvez do antigo Egito, não dependiam da escravidão. Já a escravidão colonial era necessariamente econômica e visava a produção de riquezas, como a produção do açúcar, a extração do ouro ou a extração de outros recursos considerados preciosos.

Nesse modelo colonial-europeu de escravização, crianças, mulheres e homens que eram completamente livres foram raptados, sequestrados e levados contra a própria vontade para o outro lado do oceano. Eles não possuíam dívidas com os europeus e não foram derrotados em guerras. Filhos foram separados das suas mães, esposas foram separadas dos maridos e houve estupro, tortura, massacres e genocídio.

Não dá para "passar o pano" na escravidão imposta às pessoas negras pelos europeus com a justificativa de que existiram outras formas de escravidão. Uma coisa errada não justifica a outra e tudo constituiu um delírio sem propósito. Todas essas situações foram absurdas, mas é inegável que a escravidão das pessoas africanas pelos europeus foi muito pior, não apenas em números, mas por sua finalidade.

Precisamos entender essas formas diferentes de escravidão e hoje temos mais facilidade para isso, pois nunca tivemos tanto acesso à informação e ao conhecimento como agora. Mas o conhecimento só é útil se ele produzir mudanças significativas na sociedade. Não podemos mais buscar o conhecimento apenas para darmos melhores desculpas para nossos erros. Com o conhecimento que temos à disposição, precisamos buscar um novo tipo de comportamento, pois o conhecimento que não muda o comportamento das pessoas é inútil. Na melhor perspectiva freiriana, o conhecimento transforma as pessoas e as pessoas devem transformar o mundo a partir de uma revolução eminentemente prática, já que todas as revoluções verdadeiramente importantes implicaram mudanças, na prática humana.

Precisamos deixar a comodidade do fácil de lado para pararmos de fazer a coisa errada. Não devemos apenas conhecer nossos erros, mas também precisamos corrigi-los, assim como ensina Içami Tiba, "não é errando que se aprende, é corrigindo o erro que se aprende."[23]

—

É comum encontrarmos em textos e filmes a afirmação de que o nazismo alemão foi o grande vilão universal na luta pela proteção dos direitos humanos. *The devil Hitler!*

O que o nazismo fez, principalmente com o povo judeu, é algo que entra para a estante das grandes vergonhas da humanidade. Claro que o nazismo é uma forma de preconceito e, mesmo sendo uma grande estupidez, entendemos que não foi a pior estupidez da humanidade. Como na advertência de Harari, "jamais devemos subestimar a estupidez humana".

Estima-se que 6 milhões de judeus foram mortos pelos nazistas na Segunda Guerra. Muito antes disso, a título de comparação, a Bélgica do rei Leopoldo II dizimou em torno de 10 milhões de congoleses na África.

Do século XVI ao XX os países africanos foram colonizados, explorados e massacrados, inicialmente por Espanha e Portugal e depois por Bélgica, Inglaterra e França, o que gerou dificuldades de desenvolvimento para as nações africanas até os dias atuais.

Na chamada Conferência de Berlim de 1884, Estados Unidos e Europa fatiaram e dividiram o continente africano sem respeitar as fronteiras geográficas e culturais que já existiam entre os povos nativos. Povos com culturas, costumes e línguas diferentes se viram obrigados a compartilhar o mesmo território, sob o domínio do mesmo colonizador europeu. Após o período de colonização, esses povos culturalmente diferentes foram abandonados pelos colonizadores, que pouco se preocuparam com alguma espécie de reparação.

Além do extermínio humano em massa e da exploração das riquezas naturais, houve a subtração das riquezas culturais, como mostra o enorme acervo da arte africana exposta em museus pela Europa. Ouvi certa vez a piada de que as pirâmides continuam no Egito por serem grandes demais para serem levadas a Londres.

Apesar da história de terror, dos massacres e genocídios que aconteceram na África, não havia até então uma preocupação séria dos países em criar mecanismos internacionais de proteção aos direitos humanos.

Essa preocupação surgiu a partir do Holocausto, com os horrores perpetrados pelo nazismo durante a Segunda Guerra. Para Zaffaroni,[24] enquanto o massacre acontecia contra africanos, fechávamos os olhos; mas quando o europeu branco se voltou contra outro europeu branco, sentimos a necessidade de mecanismos internacionais de proteção, criando a ONU (Organização das Nações Unidas) e promulgando a Declaração Universal dos Direitos Humanos.

Hoje se discute acerca da necessidade de os Estados Unidos e dos países europeus ajudarem no desenvolvimento dos demais países, principalmente nações africanas e latino-americanas. Mas por que Estados Unidos e Europa deveriam ajudar o resto do mundo?

A resposta é simples! Porque muito do desenvolvimento desses países se deu a partir da exploração das nações da África e da América Latina.

—

E o Brasil?

Na principal colônia portuguesa, em torno de 4 milhões de crianças, mulheres e homens negros foram escravizados entre os séculos XVI e XIX. Essas pessoas foram raptadas, comercializadas, subjugadas, exploradas, açoitadas, amordaçadas, silenciadas, violentadas, estupradas etc.

Algo muito parecido ocorreu com os povos originários das Américas. Culturas nativas inteiras foram dizimadas e escravizadas. As riquezas foram saqueadas, as crianças e mulheres estupradas e os líderes torturados e assassinados. É de se ficar horrorizado ao pensar que os europeus escravizaram, estupraram, violentaram e marginalizaram diversos povos e ainda chamaram isso de civilização. Ailton Krenak, em seu histórico discurso na Assembleia Constituinte, lembrou que "o povo indígena tem regado com sangue cada hectare de terra dos 8 milhões de quilômetros quadrados do Brasil".[25]

No episódio "A guerra da conquista", primeiro do documentário *Guerras do Brasil*, com direção de Luiz Bolognesi, Krenak sustenta que "o Brasil não existe, que o Brasil é uma invenção" dos portugueses.[6] Ele afirma que os guaranis já tinham uma história de consciência de si de quase 4 mil anos antes da chegada dos europeus e que nessa história eles conviviam não apenas com a natureza, mas com outros povos nativos. Eles eram um povo com os outros povos.

Com a vinda dos portugueses, os guaranis teriam imaginado que seria mais um povo para convivência, inclusive ajudaram os europeus que chegaram desnutridos e sequer sabiam andar por esta nova terra. Não conheciam os frutos, os animais nem os caminhos. Os povos indígenas, como ressalta Sônia Guajajara,[6] estavam abertos e querendo interagir e por isso demoraram muito tempo para descobrir a verdadeira intenção de Portugal. Estima-se que a chegada dos europeus ao continente americano seja responsável pelo maior genocídio da história da humanidade.

Ouvi uma vez um conto sobre um líder nativo escravizado que estava à beira da morte após ser torturado por espanhóis. Um padre foi chamado para converter o nativo ao cristianismo e assim salvar a sua alma. Depois de explicar a salvação para o nativo, este perguntou ao padre:

— Os espanhóis que mataram os meus filhos e que me torturaram vão para esse lugar que o senhor chamou de paraíso?

— Sim, se se arrependerem dos seus pecados — respondeu o padre.

— Então eu prefiro ir para outro lugar — disse o nativo.

—

Mas a escravidão acabou! Está na Constituição que todos são iguais perante a lei e sem distinção de qualquer natureza!

Ok, mas vamos lá! Os portugueses chegaram no ano de 1500. Cinquenta anos depois já tínhamos escravidão por aqui e a Lei Áurea só foi promulgada em 1888. Nos 524 anos dessa história, foram mais de trezentos anos de escravidão e aproximadamente duzentos anos após a abolição.

Não sou um craque da matemática, mas percebo que temos bem mais tempo de país escravagista do que de abolição.

O fato é que com a abolição da escravidão, os negros foram abandonados à própria sorte. Muitos permaneceram em situação de exploração porque não tinham para onde ir. Para morarem nas fazendas dos senhorios, teriam que trabalhar para eles e esse trabalho era sem remuneração, em troca apenas de moradia e alimentação.

Outros tentaram a sorte da liberdade, mas não encontravam oportunidades que não fossem em serviços braçais ou domésticos, até porque a maioria não tinha escolaridade. Não podiam morar nas regiões centrais e se acumularam nas áreas mais afastadas do centro, dando origem aos bairros dos negros. Um exemplo é a região do Rio de Janeiro que ficou conhecida como Pequena África em razão da quantidade de pessoas negras que ocuparam a região. Outro exemplo é a comunidade do Jacarezinho, também no Rio, que segundo William Reis[26] era a rota de fuga dos escravos.

Sobre a comunidade, Rumba Gabriel explica que ela é um quilombo urbano, pois os negros que aportavam no Rio não fugiam para o interior, mas para locais como o Morro do Jacarezinho.[26]

Quanto aos bairros dos negros e aos quilombos urbanos e do interior, essas regiões estão, até os dias de hoje, numa situação de inferioridade de condições em face dos chamados bairros nobres.

Em São Paulo, por exemplo, aproximadamente 600 mil pessoas vivem em meio ao esgoto e sem saneamento.[27] Posso afirmar que as pessoas nessas condições não residem em condomínios fechados ou em bairros nobres da capital paulista, mas em regiões inicialmente ocupadas pelos ex-escravos.

Com relação à abolição em si, é comum pensarmos na figura da princesa Isabel como grande heroína abolicionista por ela ter assinado a Lei Áurea. Isso faz parte do que chamamos de "o mito do salvador branco". Mas não podemos esquecer que a abolição da escravidão não foi uma concessão da nobreza; ela decorreu da luta dos povos escravizados, como a resistência de Zumbi dos Palmares e de outros líderes quilombolas, bem como das ações de pessoas como Luiz Gama, negro, advogado e abolicionista, reconhecido como o patrono da abolição da escravidão. É importante lembrarmos que não foram os brancos, mas os abolicionistas negros que estiveram no centro da luta pela abolição no Brasil.

—

Então... é disso que se trata o racismo estrutural?

Racismo estrutural é a compreensão de que a discriminação racial é naturalizada na sociedade, ou seja, que compõe a estrutura social de um povo. E por toda a sua condição histórica, afirmamos que o racismo estrutural é uma evidência no Brasil.

A nossa história foi escrita com base numa cultura escravagista, que compreendia que os indígenas e negros eram seres inferiores. Essa visão permaneceu mesmo após a abolição, pois, como intuiu Albert Einstein, "é mais fácil desintegrar um átomo que um preconceito".[28]

Alguns afirmam que o racismo do Brasil é *fake* e que não foi tão grave como nos Estados Unidos, que possuíam leis de segregação racial, ou como no Apartheid, regime de segregação imposto pelos britânicos na África do Sul. Porém, como adverte Karnal,[29] no Brasil o racismo é tão naturalizado que sequer precisamos de uma lei para impor a segregação.

Uma prova disso é que uma pessoa negra é assassinada a cada 23 minutos no Brasil.[30] Ou seja... enquanto você lê este livro, pessoas negras estão morrendo em decorrência da violência racial. Outros dados trazem que 80% das mortes violentas no Brasil são de pessoas negras e pardas.[31]

Quanto ao percentual de negros e pardos no Brasil, temos aproximadamente 56% da população, mas dados de 2022 trazem que em torno de 70% dos presos são afrodescendentes.[32] Esse elevado percentual de negros e pardos que estão nas cadeias, segundo Vanessa Soares, Klelia Aleixo e Záira Ribeiro, é um reflexo da colonialidade.[33]

E essa dor é sentida pelas pessoas negras, como na canção "A carne", que ficou conhecida pela interpretação de Elza Soares: "a carne mais barata do mercado é a carne negra, que vai de graça pro presídio e pra debaixo do plástico. Que vai de graça pro subemprego e pros hospitais psiquiátricos".

Reflita aí: negros e pardos são pouco mais da metade da população, mas constituem 80% das vítimas de mortes violentas e 70% da população carcerária. Pelos dados, parece-me que negros e pardos vivem à beira da morte e é por isso que vale a máxima de que as vidas negras importam, assim como defendido pelo movimento Black Lives Matter.

Este movimento não diz que somente as vidas negras importam ou que elas importam mais do que as outras vidas, mas reconhece que o Estado se apresenta como um verdadeiro *serial killer* de pessoas negras, que são mortas em número percentual muito maior do que as pessoas brancas. É por isso que precisamos buscar uma saída para que "morte violenta" não sejam as últimas palavras sobre a vida das pessoas negras.

A expressão *I have a dream* ficou imortalizada pelo discurso de Martin Luther King, ativista pelos direitos civis nos Estados Unidos. Sonhar é importante, mas como diz a canção de Belchior, perpetuada pela voz de Elis Regina, "viver é melhor que sonhar", e com certeza viver é melhor que morrer.

O fato é que estamos conformados com essa situação, mas não deveríamos nos conformar e sim nos escandalizar. Temos que ter a disposição para assumir que fracassamos enquanto sociedade e temos que buscar outro caminho, visando soluções para os desafios e os problemas.

Como mostra o documentário *Stamped from the beginning*, aprendemos que o rosto da criminalidade é negro e isso nos faz ignorar a criminalidade branca. Um infeliz exemplo dessa realidade foi uma decisão judicial de 2019, noticiada pela imprensa brasileira, da qual constava que o réu não parecia ser bandido por ser branco.[34]

Os negros não são mais violentos ou mais propensos ao crime do que os outros grupos, pois essa ideia de que pessoas negras têm tendência a cometer crimes porque têm genes inferiores, como explica Yuval Harari, está fora de questão. O que melhor explica a criminalidade não é a cor da pele, mas a imposição da pobreza e o upgrade da desigualdade social.

A conclusão é que o mito do negro criminoso nos faz encarcerar e matar as pessoas negras. Ao mesmo tempo, nos faz esquecer da criminalidade branca.

Mudando de assunto, mas sem mudar tanto assim: qual o percentual de negros e pardos como senadores da República? Qual o percentual de negros e pardos que ocuparam a cadeira de presidente? Ou de ministro do STF? Qual o percentual de negros e pardos nas universidades?

Apesar de constituírem 56% da população, os negros e pardos constituem apenas 48% da população universitária.[35] Quanto ao número de indígenas nas universidades, temos o percentual de 0,5% do número total de alunos.

Esse número de 48% só é tão elevado em razão da política de cotas surgida com a Lei 12.711/2012. Antes da lei de cotas, menos de 10% do público universitário era composto por pessoas afrodescendentes.

Se você tem alguma dúvida sobre como funciona o racismo estrutural no Brasil, reflita sobre a advertência de Zaffaroni, juiz da Corte Interamericana de Direitos Humanos: "muita melanina nas cadeias e pouca nas universidades".[36]

Aquele que sustenta que a lei de cotas privilegia as pessoas negras desconhece que na história do Brasil o privilégio sempre foi branco. Por isso abraço a assertiva de Djamila,[17] que defende que ser contra as cotas raciais é concordar com a perpetuação do racismo.

Karnal[37] já explicou que lutou muito para conquistar o que conquistou e que se esforçou mais que a média das pessoas. Mas disse também que nunca precisou enfrentar o preconceito sofrido por uma mulher ou homem negro.

Assim como Karnal, todas as minhas conquistas foram com uma enorme dedicação. Foram inúmeras madrugadas estudando ou trabalhando, e os meus resultados, mesmo tímidos, são consequências de muito esforço. Apesar disso, reconheço que sempre tive o privilégio de ser um homem branco, pois nunca fui vítima de preconceito racial ou de discriminação de gênero.

O que quero dizer é que alguns desafios para os homens negros são bem maiores do que para os homens brancos. E para as mulheres negras são maiores ainda!

E quando falo de privilégio branco, falo que é provável que não sofreremos uma abordagem policial em razão do nosso tom de pele. Temos o privilégio de entrar numa loja ou shopping e não sermos vigiados pelos seguranças. Temos o privilégio de saber que, mesmo sendo uma parte percentualmente minoritária da sociedade, ocuparemos os principais cargos de poder. Privilégio branco é não sentir na pele, no tom da pele, o preconceito racial.

Privilégio branco não quer dizer que não enfrentamos dificuldades ou desafios. Claro que enfrentamos. Mas as pessoas negras enfrentam desafios simplesmente por serem negras.

E essa questão é muito curiosa, porque uma parte dos brasileiros considera que somos uma nação majoritariamente de brancos, o que não é verdade. Alguns brasileiros sequer se reconhecem como latino-americanos, o que de fato somos.

É comum o discurso preconceituoso contra negros e latinos nos países hegemônicos por alguns setores sociais, existindo até uma defesa da expulsão desses grupos. No caso George Floyd, por exemplo, vimos o movimento de vários grupos lutando pelo fim da discriminação e da violência policial contra negros.[38] Mas por outro lado, vimos o movimento de grupos supremacistas que colocavam a culpa nos próprios negros, inclusive a culpa pela crise econômica.

Se pensarmos bem, as dez maiores fortunas do mundo estão nas mãos de homens brancos. Entre os dez mais ricos do mundo não há nem mulheres nem negros. Mas uma parcela dos brancos americanos acredita que a culpa pela sua pobreza e pelos seus problemas financeiros não está na desigualdade social ou na concentração de riquezas, mas nos negros e latinos que estariam ocupando os postos de trabalho.

—

O racismo ambiental também é estrutural?

Primeiro, vamos com a pergunta: existe racismo ambiental ou isso é uma pauta demagógica?

Se o racismo é estrutural, ele se manifesta de diversas formas, inclusive como racismo ambiental. É fato que os bairros com predominância negra possuem uma infraestrutura bem mais precária do que os condomínios de luxo e os bairros nobres.

O termo "racismo ambiental" não é novo. Surgiu nos anos 1980, no contexto do movimento negro contra injustiças ambientais, a partir dos estudos de Benjamin Chavis, ativista pelos direitos civis nos Estados Unidos. Uma das características do racismo ambiental está não apenas na falta de estrutura dos bairros negros, mas também nas políticas urbanas de instalação de resíduos e lixões em regiões ocupadas pelas pessoas negras.

No prefácio do livro *Confronting environmental racism: voices from the grassroots*,[39] Robert D. Bullard destacou que "há uma discriminação racial na elaboração das políticas ambientais, aplicação e regulação de leis e o ataque deliberado às comunidades de cor por meio de instalações de resíduos tóxicos".

No Brasil, o termo ganhou força a partir de 2005 com o Primeiro Seminário Brasileiro Contra o Racismo Ambiental.

Dentre as questões mais importantes está a constatação de que as pessoas que moram nas periferias, a maioria negra, sofrem mais com as catástrofes ambientais do que aquelas que residem nas áreas nobres.

—

Outra forma de manifestação do racismo estrutural está no que entendemos por racismo religioso.

O racismo religioso configura a latente discriminação contra as religiões de matriz africana, como o candomblé, a quimbanda e a umbanda. Há um preconceito por parte da população, que se atemoriza com o que ficou conhecido por macumba.

É natural que ao professar uma religião você acabe se tornando ateu em relação aos deuses das demais religiões. Mas, mesmo não acreditando na macumba, muitos brasileiros morrem de medo dela. Para entender o impacto do racismo religioso, basta compreender que o espírita cristão, chamado de kardecista, possui boa aceitação social, mas o espírita não cristão, que professa alguma religião de matriz africana, é constantemente vítima de ofensas.

O advogado Hédio Silva Júnior,[40] defensor das religiões de matriz africana no Brasil, numa memorável sustentação oral perante o Supremo Tribunal Federal em 2018, deixou clara a sua preocupação com o preconceito religioso contra as religiões de matriz africana. Ele ressaltou a hipocrisia dos advogados que apregoavam pela defesa dos animais e pela proteção da vida da galinha da macumba, mas que ao mesmo tempo calçavam sapatos de couro animal. Ressaltou que estavam ali sem se preocupar com as milhares de vidas de jovens negros que eram assassinados todos os dias, porque essas vidas não precisariam ser salvas... mas a galinha da macumba... esta precisaria ser protegida. Falou também do *agrobusiness*, responsável pela morte de milhões de animais todos os dias, mas o problema seria a galinha da religião do negro.

Quanto ao sacrifício de animais em ritos religiosos, isso não é objeto deste livro, mas é importante destacar que a *kaparot* judaica também prevê o sacrifício de animais, assim como há uma ritualística no abate dos animais exportados pelo Brasil para os povos árabes, mas, ao contrário da galinha da macumba, como lembrou Hédio Silva, nenhuma dessas questões foi levada ao STF.

O racismo religioso integra o racismo cultural e se mostra na rejeição àquela cultura que é estranha. São rejeitados os costumes, as roupas, as músicas e principalmente a religião das pessoas negras.

Um grande problema do racismo religioso não é somente a falta de aceitação, mas a vontade de imposição de uma determinada crença. Quando pessoas de uma religião são atacadas pela sua crença ou quando espaços religiosos são vandalizados, não temos apenas a falta de aceitação, mas o desejo de imposição da própria fé ao outro. Isso deveria ter ficado no passado, mas ocorre nos dias atuais, mesmo o Brasil sendo um país laico.

Impor a própria fé ao outro ou impor que o outro não exerça a fé por ele escolhida não é apenas ilegal ou inconstitucional do ponto de vista normativo. É de um retrocesso mental que remonta ao período medieval. É um atraso intelectual. E vejo com verdadeiro espanto que as mesmas religiões que propõem o amor ao próximo e a compaixão são manipuladas por algumas pessoas para inspirar o ódio e a intolerância contra as religiões diferentes.

Também é um atraso intelectual a imposição do estereótipo branco, que impôs a negros e indígenas a adoção de características brancas. Essa imposição exige um tipo certo de negro, e quando um negro faz algum tipo de sucesso logo é comparado ao sucesso branco, como no caso da atriz Viola Davis, vencedora do Oscar, do Emmy Awards, do Tony Awards e do Grammy. Mesmo vencendo os principais prêmios da indústria do entretenimento, ela já foi chamada de "Meryl Streep negra". As duas são grandes artistas, mas acredito que a Meryl Streep nunca foi chamada de "Viola Davis branca"; e apesar de todo o sucesso e dos prêmios recebidos, o cachê da Meryl Streep negra é bem menor do que o cachê da Meryl Streep branca.

Outra imposição sobre o tipo certo de negro está na afirmação de que o cabelo branco é bom e o cabelo negro é ruim. Sobre o cabelo negro, fico com a bem-humorada passagem do livro *Quarto de despejo*, de Carolina Maria de Jesus:

> Eu até acho o cabelo de negro mais educado do que o cabelo de branco. Porque o cabelo de preto onde põe, fica. É obediente. E o cabelo de branco, é só dar um movimento na cabeça ele já sai do lugar. É indisciplinado. Se é que existem reencarnações, eu quero voltar sempre preta.[41]

—

Outro atraso é o que chamamos de racismo intelectual e aqui faço um mea-culpa.

Certo dia, enquanto discutia um texto da minha autoria com alunos da faculdade, fui questionado por uma estudante sobre o motivo de não ter usado autores negros nas minhas referências. Ela, inclusive, perguntou se eu conhecia algum intelectual negro. Prontamente eu mencionei Milton Santos e Djamila Ribeiro, ao que ela apontou que eu não usei nem esses nem outros referenciais negros na minha pesquisa, apesar de falar no texto do crime de curandeirismo (artigo 284 do Código Penal), que num período não muito distante da nossa história foi utilizado para criminalizar os rituais das religiões de matriz africana.

Nunca havia pensado na possibilidade da existência do racismo intelectual como parte do racismo estrutural. O bom de ser professor é que estou sempre aprendendo com os meus alunos. Às vezes nem percebo que estou aprendendo, até que me pego refletindo sobre os pontos que levantam. Por isso, mesmo reconhecendo a dificuldade, procuro ter humildade nas minhas convicções, e nesse dia eu aprendi um pouco sobre o que é o racismo intelectual.

O racismo intelectual é mais sutil e passa desapercebido na maioria das vezes. Isso porque, ao contrário das outras formas de racismo que são mais visíveis, ele não traz necessariamente o preconceito contra autores negros, mas sobretudo o desconhecimento sobre a existência deles. E mesmo quando conhecemos a existência, acabamos por ignorá-los. Eles ficam na invisibilidade.

Um ponto importante dessa forma de racismo está na exigência constante de o intelectual negro se afirmar e se justificar. Vejamos o exemplo de Phillis Wheatley, mencionada no documentário *Stamped from the beginning*.

Phillis foi a primeira mulher negra a ter poesias publicadas nos Estados Unidos (por volta de 1773). Os brancos pensavam nos negros como um povo bárbaro e aculturado. Assim, em razão da sensibilidade de seus poemas, Phillis foi submetida a longos interrogatórios para terem a certeza de que uma negra poderia ter produzido poesias de tanta qualidade.

Ah, mas isso foi no século XVIII!

Não é bem assim. Em 2024, foi solicitado ao Ministro dos Direitos Humanos que comentasse as críticas que recebia por ser acadêmico demais ou intelectual demais para compor o primeiro escalão do governo.[42] Ele ponderou que essas críticas não seriam por ele ser intelectual e sim por ser um intelectual negro, pois outros ministros tão acadêmicos e tão intelectuais quanto ele não passavam por esse tipo de crítica ou questionamento.

O racismo intelectual afeta mulheres e homens negros, mas é mais severo com as mulheres. O Tribunal Superior Eleitoral do Brasil foi criado em 1945, mas apesar de inúmeras mulheres negras despontarem entre os principais juristas nacionais, apenas em 2023 tivemos mulheres negras nomeadas para ministras do TSE. No STF, entretanto, nunca tivemos uma mulher negra ocupando uma das vagas.

Quanto aos povos indígenas, somente em 2023 tivemos a nomeação de uma ministra indígena para o governo, a ministra Sônia Guajajara, do povo Guajajara/Tenetehara, da terra indígena Araribóia. E foi somente no ano de 2024 que tivemos o escritor Ailton Krenak como primeiro representante das pessoas indígenas a ser nomeado para a Academia Brasileira de Letras.

Lembrando a fala de Zaffaroni de que falta melanina nas universidades, isso não se dá apenas entre os estudantes, pois entre professores os negros representam menos de 20% do corpo docente.[43] E quanto ao número de indígenas professores universitários? Sequer temos dados para oferecer uma resposta.

Como dito, uma das principais questões do racismo intelectual está na invisibilidade dos intelectuais negros e indígenas. Sobre esse tema, Djamila Ribeiro afirma que é preciso "divulgar a produção intelectual de mulheres negras (e homens negros), colocando-as na condição de sujeitos e seres ativos que, historicamente, vêm pensando em resistências e reexistências".[3]

Djamila lembra da autora bell hooks, que em seu texto "Intelectuais negras" fala sobre "o quanto as mulheres negras foram construídas ligadas ao corpo e não ao pensar".[3]

Além da invisibilidade dos autores negros, negras e indígenas, no racismo intelectual, conforme citação de Djamila a Linda Alcoff, também há a visão de que os não brancos "são metafisicamente não sofisticados e politicamente retrógrados".[3]

Sobre essa questão, vale muito a pena mencionar Angela Davis, que em crítica ao pensamento de que a população negra seria incapaz de progressos intelectuais, afirmou que "se fossem realmente inferiores em termos biológicos, as pessoas negras nunca teriam manifestado desejo nem capacidade de adquirir conhecimento".[44]

Voltando a falar da crítica branca de que a produção negra é parcial e que carece da objetividade científica, já mencionei antes que não existe total imparcialidade na ciência, e isso é comprovado pela própria ciência. Esse tipo de crítica nada mais é do que racismo transvestido de cientificidade. O racismo intelectual, assim como todas as formas de racismo, é uma manifestada situação de injustiça posta pela narrativa dominante; e sobre injustiças não há como fugirmos dos ensinamentos de Desmond Mpilo Tutu, vencedor do Prêmio Nobel, para quem "se você fica neutro em situações de injustiça, você escolhe o lado opressor".

Acredito que podemos quebrar esse ciclo, quebrando o que Cida Bento denominou como "pacto da branquitude",[45] ou seja, rompendo com uma conveniente cumplicidade que é "nociva para qualquer alteração substantiva na hierarquia das relações sociais", pois quando ignoramos intelectuais negros e indígenas, seja por desinteresse, desconhecimento ou preconceito, perpetuamos o racismo intelectual e estrutural. Conhecimento é conhecimento e não importa quem o descubra. Precisamos evoluir nesse sentido para produzirmos uma substancial mudança nas nossas relações, porque a excelência da produção intelectual negra só nos mostra que o mito da inferioridade deve ser erradicado.

FEMINISMO *VERSUS* MACHISMO

Assim como o racista, o machista é um defensor de uma ideia obsoleta, sendo o porta-voz de uma vanguarda do atraso. Como aduz Cortella,[46] o feminismo não é o contrário de machismo, pois o contrário de machismo é inteligência.

Mas o que seria o feminismo?

Primeiro, o que o feminismo não é?

Para aqueles que nunca estudaram o tema, a palavra feminismo possui um tom pejorativo. Certa vez, ao ser abordado sobre o movimento feminista, me disseram que feministas eram mulheres mal-amadas, que não gostavam de depilar as axilas e que odiavam os homens. Acredito que a pessoa que reduz o movimento feminista à autonomia da mulher de depilar os pelos corporais nunca leu sobre feminismo e procura reduzir o significado desse movimento que em verdade é sociopolítico. Feminismo também diz respeito à autodeterminação da mulher de resistir a padrões estéticos impostos, como o depilar ou não depilar, mas o movimento vai muito além disso.

Aqueles que criticam o movimento feminista costumam acreditar que no feminismo as mulheres querem apenas queimar sutiãs, não se depilar e, principalmente, querem odiar e mandar nos homens.

Sobre esse peso negativo da palavra feminismo, no livro *Sejamos todos feministas*,[47] a nigeriana Chimamanda Ngozi Adichie narra quatro situações que teria enfrentado: na primeira, um grande amigo de infância a teria "insultado", dizendo "Sabe de uma coisa? Você é feminista!"; na segunda, durante a divulgação do seu livro *Hibisco roxo*, teria recebido um conselho de um jornalista nigeriano para nunca se identificar como feminista, porque "feministas são mulheres tristes que não conseguem arranjar marido"; na terceira, uma professora teria dito que ela não poderia ser feminista, porque isso não existia na cultura nigeriana, logo o feminismo seria antiafricano; na quarta, uma amiga teria dito que ela era feminista porque odiava os homens.

De forma bem-humorada, ela respondeu às críticas dizendo: "decidi me tornar uma feminista feliz e africana, que não odeia homens e que gosta de usar batom e salto alto para si mesma, e não para os homens".

A jornalista Lucy Mangan também aborda essa visão pejorativa da palavra feminismo:

> Feminismo é um negócio complicado. Há muita ignorância, assim como estereótipos, hostilidade e pura confusão. O único modo de combater essas coisas é garantindo maior informação. Para preencher com fatos o vazio que permite que medos, dúvidas e preconceitos se instalem.[48]

O feminismo não é sobre odiar homens, ter pelos nas axilas e queimar sutiãs. Feminismo é sobre resistir e, usando as palavras de Djamila Ribeiro, é sobre reexistir. Feminismo é sobre a autonomia e autodeterminação das mulheres; é sobre o controle do próprio corpo e das próprias escolhas.

Feminismo é considerar que homens e mulheres são iguais perante a lei, mas, principalmente, que devem ser iguais na vida real. É sobre o empoderamento feminino e sobre a libertação dos padrões machistas e patriarcais.

No machismo, há a pressuposição de que os homens são superiores às mulheres. No feminismo, há a pressuposição de que mulheres e homens são iguais. Enquanto o feminismo agrega, o machismo desagrega.

Acredito que não há como ser contrário ao feminismo se entendermos o que o feminismo significa.

—

Como surgiu o feminismo?

Em *Sejamos todos feministas*, Chimamanda reflete:

> Se repetimos uma coisa várias vezes, ela se torna normal. Se vemos uma coisa com frequência, ela se torna normal. Se só os meninos são escolhidos como monitores da classe, então em algum momento nós vamos achar, mesmo que inconscientemente, que só um menino pode ser o monitor da classe. Se só os homens ocupam cargos de chefia nas empresas, começamos a achar normal que esses cargos de chefia só sejam ocupados por homens.[47]

O feminismo surgiu a partir da resistência e da reexistência das mulheres que não reconhecem como normal que somente os homens possam ocupar determinados espaços; o feminismo surge a partir das mulheres que perceberam um mundo que não se preocupa com a plena existência feminina. Lucy Mangan nos traz que o feminismo surge como resposta à percepção de que a inclinação do mundo a favor do homem se tornou óbvia demais.

É difícil afirmar com precisão o momento histórico do surgimento do feminismo, pois acredito que em maior ou menor medida sempre houve a resistência de mulheres aos valores patriarcais. Em 1700, a escritora Mary Astell defendeu que os homens e as mulheres foram criados com almas igualmente inteligentes por Deus; em 1773, tivemos Phillis Wheatley, que se colocou contra valores patriarcais do machismo e do racismo ao ser a primeira negra a publicar um livro de poesia nos Estados Unidos. Muito antes disso tivemos Elizabeth I, que apesar da resistência da nobreza ascendeu ao trono inglês e permaneceu sem se casar durante todo o seu reinado.[49] Se voltarmos mais ainda no tempo, encontraremos outros exemplos de mulheres que se colocaram contra algum tipo de opressão.

Mas o termo feminismo teria surgido em 1837, quando Charles Fourier usou a expressão *féminisme* para se referir ao movimento que visava o fim da opressão das mulheres pelos homens e a busca pela igualdade econômica e social entre elas e eles.[49]

Historicamente os homens criaram instituições para reforçarem o próprio poder, colocando as mulheres numa situação de inferioridade social, econômica, política e religiosa. E apesar do termo ter surgido em

1837, os movimentos sociais femininos mais ou menos organizados surgiram durante as revoluções iluministas, principalmente na França e nos Estados Unidos, quando mulheres buscaram de forma ativa que os novos direitos conquistados também fossem para elas.

A fantasiosa inferioridade feminina é assim descrita por Simone de Beauvoir: "Eu nunca me senti inferior. No entanto, ser uma mulher relega toda mulher a uma condição secundária".[50]

Em *O livro do feminismo*, organizado por Hannah McCann,[49] temos que seriam quatro as "ondas" do movimento feminista:

A primeira onda (século XIX e início do século XX), encabeçada por mulheres brancas e de classe média, visava o direito ao voto, direitos iguais no casamento e acesso igualitário à educação. É importante esse registro para que você saiba que, se hoje as mulheres votam e são votadas, têm acesso às universidades e possuem direitos iguais no casamento, isso se deu a partir da luta de mulheres feministas. Na forma mais básica, se você é contra o feminismo, você é contra o direito de mulheres votarem e estudarem.

A segunda onda (a partir de 1960) buscava o fim da opressão imposta às mulheres, desde a elaboração de estudos sobre o patriarcado e a origem das desigualdades entre gêneros até a autodeterminação das mulheres de oposição às agressões físicas sofridas, controle sobre o próprio corpo, autonomia sexual, controle de natalidade e busca por condições iguais de trabalho.

A terceira onda surge do reconhecimento de que as preocupações do movimento feminista persistiam, pois, apesar dos avanços, as experiências das mulheres ainda estavam condicionadas ao modelo patriarcal. O termo "terceira onda" foi posto por Rebecca Walker nos anos 1990, por considerar que não existia um pós-feminismo, mas um feminismo de terceira onda.[49]

A quarta onda teria surgido a partir de 2013 e diz respeito ao feminismo online, que permite um maior engajamento em prol do movimento feminista e a ampliação dos debates e ações como #MeToo e a Marcha das Mulheres de janeiro de 2017 nos Estados Unidos. Apesar da importância do feminismo online, Djamila nos lembra que para as meninas quilombolas a hashtag não chega.[17]

O termo "ondas" não é historicamente preciso, sendo criticado por muitas feministas por entenderem que as conquistas ficariam limitadas a determinado período histórico. Na verdade, a história do feminismo não se dá numa linha reta e muitos dos desafios das primeiras ondas persistem até os dias atuais.

A título de exemplo, temos a questão da participação política das mulheres. O direito ao voto e de ser votada estaria na primeira onda feminista, mas na prática constitui um desafio permanente das democracias ao redor do mundo. Nos Estados Unidos, por exemplo, nunca houve uma mulher como presidente; no Brasil, apenas uma mulher ocupou o cargo político mais importante.

Em outros cargos políticos a questão permanece, pois mesmo representando 51,5% da população brasileira, as mulheres ocupam apenas 26% dos cargos eletivos do Poder Legislativo.[51]

Outro ponto interessante sobre a imprecisão da metáfora das ondas está na análise do feminismo negro e do feminismo trans, pois são discussões que teriam surgido entre a segunda e a terceira ondas, mas que permanecem atuais e necessárias.

E como afirma Mary Wollstonecraft, o feminismo surge "não para que as mulheres tenham poder sobre os homens, mas para que elas tenham o poder sobre si mesmas".[49]

—

Todos sabemos que existem diferenças biológicas entre homens e mulheres. Como adverte Chimamanda,[47] mulheres e homens têm hormônios e órgãos genitais diferentes, e enquanto as mulheres podem gestar um filho, os homens têm mais testosterona e em geral são fisicamente mais fortes. Mas em termos de capacidade intelectual não existe diferença entre elas e eles. Mesmo assim, conforme expressou Wangari Maathai, quando chegam ao topo, menos mulheres são encontradas.[49]

Marie Curie é um ótimo exemplo sobre a dificuldade de mulheres chegarem ao topo. Hoje conhecemos Marie Curie como primeira mulher a receber o Prêmio Nobel, primeira pessoa a receber dois Prêmios Nobel, primeira mulher a ser professora da Universidade de Paris e primeira mulher a figurar no Panteão de Paris pelos próprios méritos. Mas o que nem todo mundo sabe é que o primeiro Nobel de Marie lhe foi negado inicialmente por ela ser mulher. O prêmio seria entregue ao seu marido Pierre Curie e a Henri

Becquerel, mesmo ela sendo a principal pesquisadora. Somente após a intervenção de um dos membros do comitê, que era partidário dos direitos das mulheres, que o nome de Marie foi incluído para receber seu primeiro Nobel.

Outro exemplo é o da escritora brasileira Rachel de Queiroz. Além de ser a única mulher a integrar o movimento modernista brasileiro, foi a primeira mulher a ingressar na Academia Brasileira de Letras, que foi criada em 1897, mas só teve uma mulher entre os escritores imortais com a posse de Queiroz em 1977.

Um problema comum é que, mesmo chegando ao topo, as mulheres recebem um tratamento inferior. Vejamos a questão das seleções de futebol dos Estados Unidos.

A seleção masculina de futebol dos Estados Unidos nunca ganhou nada e tem pouca expressividade no cenário esportivo internacional. A equipe masculina nunca venceu uma Copa do Mundo e sequer chegou à final da competição. Possui apenas duas medalhas nos Jogos Olímpicos, sendo uma de prata e outra de bronze.

Já a equipe feminina dos Estados Unidos é tetracampeã mundial e conquistou seis medalhas olímpicas, sendo quatro de ouro. Apesar disso, até o ano de 2022, a premiação dos jogadores masculinos pela participação em competições era maior do que a premiação das jogadoras femininas, mesmo o resultado delas sendo infinitamente superior ao deles. A conquista pela igualdade só ocorreu a partir da mobilização das atletas americanas e pelo ativismo da jogadora Megan Rapinoe.

A disparidade no tratamento entre homens e mulheres é notória e não existe apenas nos esportes. Atrizes, ainda que mais premiadas, costumam receber menos que os atores; já as mulheres que ocupam cargos de CEO recebem, em média, 19,4% a menos do que executivos homens.[52]

Se você acredita que mulheres que desempenham a mesma função que homens merecem ter o mesmo reconhecimento e receber o mesmo que eles, então você é feminista.

É por isso que o feminismo não é uma pauta do passado. Mas essa disparidade apontada não é nem o pior dos problemas.

—

Não existe um único feminismo, mas feminismos no plural!

É comum pensarmos no feminismo como uma unidade, chamando-o de "o movimento feminista". Mas a verdade é que existem vários feminismos diferentes, com lutas específicas. Podemos falar do feminismo negro, feminismo trans, feminismo sindical, feminismo muçulmano, feminismo árabe, feminismo marxista, ecofeminismo etc.

Cada feminismo tem a sua especificidade, mas o ponto em comum é que todos são formas de oposição ao patriarcado e às diversas formas de opressão das mulheres pelos homens.

O feminismo brasileiro também é característico, e uma curiosidade do nosso país, por exemplo, é que até a década de 1960 a mulher precisava da autorização do pai ou do marido para trabalhar.

Outra curiosidade é a legislação penal do Brasil. O nosso Código Penal trazia, até o ano de 2009, a expressão "mulher honesta" como referência às mulheres que comercializavam sexo. A honestidade não tinha relação com a confiança, mas com a liberdade sexual da mulher.

Uma aberração maior ainda contida no Código vigorou até meados do ano de 2005, pois a lei trazia a previsão de que, se um estuprador se casasse com a sua vítima, ele não seria punido. Além disso, o estuprador deixaria de ser punido se a vítima do estupro se casasse com terceira pessoa, desde que o crime fosse sem violência real ou grave ameaça.

Vejam só! Não estamos falando de leis que vigoravam no século XV ou XVI, mas de uma lei que estava em vigor em pleno século XXI.

Mesmo que isso já tenha sido superado pela lei brasileira, lutas como essa permanecem em outros movimentos feministas, como no feminismo árabe e no feminismo muçulmano.

No feminismo muçulmano a luta é por conquistas básicas que já existem para as mulheres ocidentais, como a autodeterminação sexual ou o direito de estudar. Não dá para ignorar que a paquistanesa Malala Yousafzai, vencedora do Prêmio Nobel e que cresceu numa família muçulmana, foi vítima de tentativa de homicídio pelo simples fato de lutar pelo direito de as mulheres frequentarem escolas.

Como se vê, seja no Brasil, no Paquistão ou nos Estados Unidos, o feminismo está na vontade das mulheres de existirem de fato num mundo que foi criado com regras eminentemente patriarcais. As mulheres querem existir e reescrever as regras do patriarcado, porque não cabe ao homem dizer o que elas podem ou não podem fazer ou dizer quais espaços elas estariam autorizadas a ocupar.

Num mundo patriarcal, fica claro que ser mulher é um ato político, e por isso concordo com Simone de Beauvoir, que afirma: "não se nasce mulher, torna-se mulher".[49] Concordo também com Judith Butler,[53] que aduz: "seja qual for a liberdade pela qual lutamos, deve ser uma liberdade baseada na igualdade".

—

Uma famosa citação de Frida Kahlo é: "se você me quer na sua vida, coloque-me nela. Eu não deveria estar lutando por uma posição".

Mas o fato é que dia após dia as mulheres lutam por posições pelas quais elas não precisariam lutar se reconhecêssemos que esses lugares já lhes pertencem.

Foi mencionado que até os anos 1960 as mulheres só poderiam trabalhar com autorização do marido. As mulheres impedidas de trabalhar não recebiam qualquer salário, e o trabalho doméstico sequer era considerado como atividade laboral.

Já que o trabalho doméstico não era considerado trabalho, as mulheres eram tratadas como servas ou, no máximo, como as "rainhas do lar". Não há nada de errado com o trabalho doméstico, desde que isso seja uma escolha e não uma imposição. Qualquer pessoa pode optar pelo trabalho doméstico em vez do trabalho externo, mas isso deve ocupar o *locus* de autonomia da pessoa que irá trabalhar. Isso não pode ser uma imposição de um sistema patriarcal.

Conseguimos significativos avanços nesse sentido, não só garantindo que as mulheres escolham o trabalho fora ou o trabalho doméstico, mas também que a mulher que escolheu o trabalho doméstico tenha os mesmos direitos do marido que trabalha fora. As decisões dos tribunais brasileiros estão consolidando o entendimento de que as donas de casa possuem os mesmos direitos dos trabalhadores economicamente ativos, como direitos a hora extra, fundo de garantia, férias remuneradas etc. Cumprindo alguns requisitos legais, a dona de casa terá, inclusive, o direito de aposentadoria.

Apesar dos avanços, a realidade aponta para um horizonte ainda não alcançável. Já mencionamos que nos postos de poder há uma predominância de homens. Hoje temos uma única mulher entre os onze ministros do STF, nunca tivemos uma mulher como presidente nacional da Ordem dos Advogados do Brasil, e a única mulher eleita presidente da República sofreu um impeachment. Nunca tivemos três mulheres ocupando simultaneamente os três Poderes da República (Executivo, Legislativo e Judiciário), e esse cenário parece ainda muito distante de terminar.

Mesmo quando estão no mercado de trabalho, o rendimento das mulheres no Brasil é em torno de 20% abaixo da renda dos homens. E essa é uma das realidades impostas à mulher no contexto brasileiro.

Outra pauta feminista importante é a luta em oposição à violência dos homens contra as mulheres. Tivemos um marco com a entrada em vigor da Lei 11.340/2006, conhecida como Lei Maria da Penha.

A Lei Maria da Penha é peculiar, porque a grande preocupação contida nessa legislação não é a necessária punição de agressores, mas a criação de mecanismos de proteção das mulheres que se encontram em situação de vulnerabilidade em razão da violência doméstica.

A lei surgiu a partir da situação particular vivenciada por Maria da Penha, que após ser vítima por mais de uma vez de tentativa de homicídio e de perder o movimento das pernas por causa disso, não encontrou amparo no poder público brasileiro e, por quase dezenove anos após os fatos, não viu nenhum tipo de punição ao ex-marido.

Como professor de direito sou frequentemente questionado se a Lei Maria da Penha não seria inconstitucional, já que protegeria mais as mulheres e seria mais rigorosa contra os homens, o que seria contrário ao artigo 5º da Constituição, que prevê que todos são iguais perante a lei.

Nessas horas eu respiro fundo e me alongo antes de responder. A partir daí, esclareço que há mais mortes violentas envolvendo homens do que mulheres, mas os homens morrem por envolvimento com o tráfico de drogas, com o crime organizado, em brigas de bar, em brigas por futebol ou em situações de trânsito. Já a principal causa de morte violenta de mulheres é o fato de elas serem mulheres!

A maioria das mortes violentas e a maioria das violências praticadas contra as mulheres estão no âmbito doméstico, e os principais agressores são os maridos, companheiros, namorados, irmãos e pais.

Ou seja, os homens morrem por qualquer outra coisa, mas as mulheres morrem porque são mulheres. E os motivos variam desde uma suspeita de traição, do controle da vestimenta, do controle sexual, até por desentendimentos financeiros.

Nos cursos de direito aprendemos que existe uma diferença entre a igualdade formal (aquela que existe na lei) e a igualdade material (aquela que existe no mundo real). A igualdade material é também chamada de equidade, e a equidade pressupõe que os desiguais sejam tratados desigualmente para que se promova uma igualdade real. É isso o que a Lei Maria da Penha faz!

É uma lei que promove a igualdade entre mulheres e homens na nossa sociedade e por isso ela é não apenas constitucional, mas moralmente exigível.

—

Feminista, ser ou não ser? *That is the question*!

Penso que devemos aceitar o convite de Chimamanda Ngozi Adichie para sermos todos feministas, porque ser feminista é ser a favor de que mulheres e homens tenham de fato um tratamento igual, respeitadas as suas diferenças. Ser feminista é ser contra a ideia de que homens são intelectualmente superiores ou mais capazes do que as mulheres.

Se você está na dúvida se é ou não feminista, proponho o seguinte teste. Marque com um X se você concorda com as afirmações a seguir. Se discordar, é só deixar em branco.

(__) Entendo que mulheres e homens são intelectualmente iguais e capazes.

(__) Mulheres têm o direito ao voto e direito de serem votadas.

(__) Defendo que as mulheres devem ocupar espaços de poder, como cargos políticos, cargos no Judiciário, cargos nas universidades etc.

(__) Acredito que mulheres e homens que exercem a mesma função merecem a mesma remuneração.

(__) Defendo que as mulheres tenham os mesmos direitos que os homens de frequentar escolas e universidades.

(__) Sou a favor de a mulher ter o direito de optar pelo trabalho doméstico ou pelo trabalho fora.

(__) Sou a favor de as mulheres receberem o mesmo reconhecimento que os homens pelo seu trabalho artístico ou intelectual.

(__) Entendo que, assim como os homens, as mulheres devem ter total autonomia sobre o próprio corpo e a própria sexualidade.

Se você marcou com X qualquer uma das opções acima, talvez você seja feminista.

NOTAS SOBRE O FEMINISMO NEGRO

Junte um punhado de racismo com um bocado de machismo e adicione um tanto de sadismo. O que teremos? Uma das maiores forças opressoras da história!

O machismo é ruim para as mulheres, mas é bem mais cruel com as mulheres negras. O racismo também é ruim, mas é muito pior para as mulheres negras.

Para termos uma ideia, a média salarial dos homens negros é de 80% do salário dos homens brancos; as mulheres brancas recebem em média 62% do que os homens brancos recebem; mas... as mulheres negras recebem em média 48% do salário dos homens brancos. A matemática é simples: para cada 100 reais que o homem branco recebe, o homem negro recebe 80, a mulher branca recebe 62 e a mulher negra recebe 48.

Outro ponto importante está no percentual de mulheres negras que ingressam no ensino superior. Apenas 16% dos universitários são mulheres negras, ao passo que as mulheres brancas representam quase 30% entre os estudantes.

Então... o que é o feminismo negro?

Já dissemos que não existe o movimento feminista, e sim feminismos no plural. O feminismo negro luta contra a discriminação de gênero e contra a imposição dos valores patriarcais, mas também possui uma luta antirracista que parte não do lugar de fala do negro, mas do lugar de fala da mulher negra. É ela, mulher negra, a protagonista do feminismo negro.

Como constata Hannah MacCann, "as mulheres negras, que sofrem com a desigualdade racial, assim como de gênero, são mais oprimidas do que as mulheres brancas".[49] Por isso existe o feminismo negro, baseado no gênero, raça e classe social.

Dentre importantes nomes do feminismo negro, podemos citar Alice Walker, Zora Neale Hurston, Maya Angelou, Chimamanda Ngozi Adichie, Angela Davis, Viola Davis, bell hooks, Conceição Evaristo, Djamila Ribeiro, Záira Pereira, Cida Bento etc.

—

Uma questão que merece atenção é a hipersexualização da mulher negra. E como isso começou?

Já mencionamos a escravidão neste livro, mas o que não falamos foi que a escravização não era apenas exploração do trabalho, mas também exploração sexual de mulheres negras.

Com o filme *O nascimento de uma nação*, nasceu o mito de que o homem negro seria um estuprador de mulheres brancas, mas, na verdade, o que os registros do período escravagista nos trazem é que foram os homens brancos os grandes violadores e estupradores das mulheres negras.

O termo pejorativo "mulato", usado para se referir a pessoas negras com peles mais claras, conforme esclarece Djamila Ribeiro,[17] foi criado no período colonial para definir os filhos dos estupros das mulheres negras pelos senhores de engenho.

Rafaela Aparecida Batista do Carmo e Geová Nepomuceno Mota[54] apontam que atualmente o termo mulata é utilizado principalmente para mulheres negras de pele clara, magras, traços finos e corpos com curvas. Os autores descrevem que isso deriva do período escravocrata e que precisamos levar isso em consideração, pois enquanto o homem negro era explorado no seu trabalho, a mulher negra sofria uma dupla exploração, uma no trabalho e a outra no corpo.

A poesia de Gabrielly Nunes[55] sintetiza o desespero da mulher negra que foi apontado por Djamila Ribeiro e Rafaela Aparecida Batista do Carmo. A poeta afirma: "ah se eu fosse pessoa, pessoa antes de mulata... para viver na minha pele tem que ser muito, mas muito mulher".

As mulheres negras tiveram e ainda têm o corpo violado, como se fossem coisas ou objetos da vontade masculina. Por isso temos que seguir o conselho de Djamila,[17] que nos adverte: "Mulher negra não faz parte de safra nem é uma 'espécie' para deleite de homem machista e racista. Somos pessoas e exigimos respeito".

—

Um ponto importante do feminismo negro está na luta feminista pelo direito ao trabalho.

Entre as duas primeiras ondas feministas, encabeçadas por mulheres brancas da classe média, tínhamos a pauta pelo direito de mulheres trabalharem na igualdade de condições dos homens. As mulheres brancas queriam o direito do trabalho externo e o reconhecimento do trabalho doméstico.

Bem... desde o período escravagista que as mulheres negras trabalham. Elas estavam com os homens nas lavouras, na extração de metais preciosos e nas construções de edifícios. Elas também eram responsáveis pela faxina das casas dos senhores de engenho, trabalhavam como babás, cozinheiras, parteiras, amas de leite etc.

A questão para as mulheres negras não é o trabalho em si, pois elas sempre trabalharam. A questão é a invisibilidade dos trabalhos das mulheres negras.

Essa invisibilidade permanece até os dias atuais, pois já foi dito aqui que para cada 100 reais recebidos pelos homens brancos, as mulheres negras recebem apenas 48.

Segundo o Ipea (Instituto de Pesquisa Econômica Aplicada), com relação ao trabalho das mulheres negras, há uma maior dificuldade na busca por empregos e na ocupação de cargos de liderança em comparação às mulheres brancas.[56]

Costumamos falar que todo trabalho é relevante e digno. Ok! Mas percebo que os espaços de trabalho ocupados pelas mulheres negras, em regra, são aqueles com uma pior média de remuneração.

Se pegarmos boa parte das empresas, temos que os cargos de chefia ou liderança com salários mais elevados são ocupados por homens brancos; algumas vezes temos mulheres brancas nesses cargos ou até homens negros. Mulher negra em cargo de liderança é exceção. Mas se olharmos nas mesmas empresas, nos cargos com salários mais baixos, principalmente relacionados à limpeza, haverá uma predominância de mulheres negras.

Por essas e outras que o lugar de fala da mulher negra precisa ser ressaltado e precisamos dar espaço para que as mulheres negras também ocupem os espaços brancos, principalmente os espaços dos homens brancos.

Como na reflexão de Angela Davis, o trabalho que deveria ter sido feito na abolição para garantir dignidade e igualdade não foi feito. Então... façamos agora.

PARA NÃO CONCLUIR

Por que falo de antirracismo e feminismo?
Como afirmei, não sou e não quero ser protagonista da luta antirracista e das lutas feministas. Não falo por eles, mas falo com eles.

Mulheres brancas, mulheres negras, homens negros e homens e mulheres indígenas possuem não só o lugar de fala, mas o lugar de representatividade. Eles falam *per se* e eu estou apenas ecoando algumas dessas falas.

Racismo e machismo são problemas globais e complexos demais; sozinhos não podemos salvar o mundo, mas não significa que não possamos fazer alguma coisa. E se você acha que essa estrutura segregativa, racista, patriarcal e divisória é inevitável, eu proponho que passemos a acreditar numa saída para esse inevitável. Como questionado no documentário *Stamped from the beginning*, seria pedir demais que as pessoas, independentemente de quem sejam, sejam tratadas como seres humanos?

Vale lembrar que a maioria das condutas machistas são definidas como formas de violência e isso está na lei, mais precisamente na Lei 11.340/2006. O racismo também é proibido por lei, pois temos a Lei 7.716/1989, que criminaliza a discriminação racial.

Penso que podemos fazer melhor do que já fizemos, porque essa luta é nossa. É uma luta que vejo como básica na defesa e promoção do que entendo por dignidade humana.

E, como dito, acredito que a pauta do feminismo e do antirracismo é uma luta... uma luta pela efetivação concreta dos direitos humanos.

NOTAS

1 Como explicou Djamila Ribeiro no livro *O que é lugar de fala?*, a autora bell hooks prefere que seu nome seja escrito todo em letras minúsculas.

2 HOOKS, Bell. *Ensinando a transgredir*: a educação como prática de liberdade. São Paulo: WMF Martins Fontes, 2013. p. 10.

3 RIBEIRO, Djamila. *O que é lugar de fala?* Belo Horizonte: Letramento, 2017.

4 SÓ dez por cento é mentira. Direção: Pedro Cezar. [*S.l.*]: Artezanato Eletrônico, 2010. 1 vídeo (81 min). Disponível em: https://www.youtube.com/watch?v=-ZdDmLBPqDvY. Acesso em: 27 jun. 2024.

5 AMERICAN fiction. Direção: Cord Jefferson. [*S. l.*]: MGMPLUS, 2023. 1 vídeo (117 min). (Exibido na Prime Video com o título em português: *Ficção americana*.)

6 GUERRAS do Brasil.Doc - Ep. 1: As guerras da conquista. Direção: Luiz Bolognesi. [*S. l.*], [*s. n.*], 2019. 1 vídeo (28 min). Disponível em: https://www.youtube.com/watch?v=1C7eQBl6_pk. Acesso em: 27 jun. 2024.

7 GONTIJO, Pedro. Mais democracia é o remédio para a democracia no Brasil. [Entrevista cedida à] CNBB. *CNBB*, Brasília, DF, 31 ago. 2018. Disponível em: https://www.cnbb.org.br/mais-democracia-e-o-remedio-para-a-democracia-no-brasil/. Acesso em: 27 jun. 2024.

8 CONFERÊNCIA Nacional de Comunicação: Marilena Chauí. [*S. l.: s. n.*], 2018. 1 vídeo (77 min). Publicado pelo canal Fundação Perseu Abramo. Disponível em: https://www.youtube.com/watch?v=NRE2r9WCwGU. Acesso em: 27 jun. 2024.

9 CÁRMEN ao ser interrompida no STF: 'Faço valer o meu direito de falar e de votar'. *Carta Capital*, São Paulo, 10 ago. 2022. Disponível em: https://www.cartacapital.com.br/politica/carmen-ao-ser-interrompida-no-stf-faco-valer-o-meu-direito-de-falar-e-de-votar/. Acesso em: 28 jun. 2024.

10 IMPARCIALIDADE é mito [...]. *A Casa de Vidro*, [s. l.], 3 dez. 2018. Disponível em: https://acasadevidro.com/paulofreire-omitodaimparcialidade/. Acesso em: 20 de jul. 2024.

11 "VOCÊS existem e são valiosos para nós": leia a íntegra do discurso de Silvio Almeida. *Congresso em Foco*, Brasília, DF, 3 jan. 2023. Disponível em: https://congressoemfoco.uol.com.br/area/governo/leia-a-integra-do-discurso-de-silvio-almeida-somos-a-vitoria-dos-nossos-antepassados/. Acesso em: 27 jun. 2024.

12 D'SALETE, Marcelo. *Cumbe*. São Paulo: Veneta, 2018.

13 HARARI, Yuval Noah. *Sapiens*: uma breve história da humanidade. Porto Alegre: L&PM, 2018. p. 71.

14 KRENAK, Ailton. *A vida não é útil*. São Paulo: Companhia das Letras, 2020., p. 10.

15 Extraído do documentário *Mission: Joy - Finding Happiness in Troubled Times*, que aborda o diálogo entre o Dalai Lama e Desmond Tutu. MISSION: Joy – Finding Happiness in Troubled Times. Direção: Louie Psihoyos e Peggy Callahan. [S. l.]: The JOY Film LLC, 2022. 1 vídeo (90 min). (Exibido na Netflix com o título em português: *Missão: alegria em tempos difíceis*.)

16 BENTO, Cláudio. *Segregação do oceano*. Japaraíba: Arejo, 2024. p. 46.

17 RIBEIRO, Djamila. *Quem tem medo do feminismo negro?* São Paulo: Companhia das Letras, 2018.

18 ACCIOLY, Izabel. "Não tenho lugar de fala": uma cômoda distorção. *Bemdito*, [s. l.], 2021. Disponível em: https://bemditojor.com/nao-tenho-lugar-de-fala-uma-comoda-distorcao/. Acesso em: 27 jun. 2024.

19 JESUS, Carolina Maria de. *Diário de Bitita*. Sacramento: Bertolucci, 2007. p. 71.

20 BENJAMIN de Oliveira. *In*: WIKIPÉDIA: a enciclopédia livre. [San Francisco, CA: Wikimedia Foundation, 2023]. Disponível em: https://pt.wikipedia.org/wiki/Benjamin_de_Oliveira. Acesso em: 27 jun. 2024.

21 STAMPED from the beginning. Direção: Roger Ross Williams. [S. l.]: Netflix, 2023. 1 vídeo (91 min).

(Exibido na Netflix com o título em português: *Marcados: a história do racismo nos EUA*.)

22 BOVE, Lorenza Coppola. Racismo: como a ciência desmantelou a teoria de que existem diferentes raças humanas. *BBC News Brasil*, [s. l.], 12 jul. 2020. Disponível em: https://www.bbc.com/portuguese/geral-53325050. Acesso em: 27 jun. 2024.

23 TIBA, Içami. *Adolescentes*: quem ama, educa! São Paulo: Integrare, 2017.

24 Eugenio Raúl Zaffaroni. Jurista argentino e juiz da Corte Interamericana de Direitos Humanos. ZAFFARONI, Eugenio Raúl. *Colonialismo y derechos humanos*: apuntes para una historia criminal del mundo. Buenos Aires: Taurus, 2022. p. 11.

25 KRENAK, Ailton. Discurso de Ailton Krenak, em 04/09/1987, na Assembleia Constituinte, Brasília, Brasil. *Gis – Gesto, Imagem e Som*, São Paulo, v. 4, n. 1, p. 421-422, 2019. Disponível em: https://www.revistas.usp.br/gis/article/view/162846. Acesso em: 27 jun. 2024.

26 REIS, William. Jacarezinho: a história da favela mais negra do Rio de Janeiro. *Veja Rio*, Rio de Janeiro, 2020. Disponível em: https://vejario.abril.com.br/coluna/william-reis/historia-favela-jacarezinho. Acesso em: 27 jun. 2024.

27 BETHÔNICO, Thiago. São Paulo tem mais de 600 mil pessoas vivendo em meio ao esgoto e sem saneamento. Folha de S.Paulo, São Paulo, 3 dez. 2023. Disponível em: https://www1.folha.uol.com.br/mercado/2023/12/

sao-paulo-tem-mais-de-600-mil-pessoas-vivendo-em-meio-ao-esgoto-e-sem-saneamento.shtml.

28 Citação de Albert Einstein, físico, cientista, vencedor do Prêmio Nobel. Disponível em: https://www.pensador.com/frase/MzYxMQ/. Acesso em: 15 maio 2024.

29 KARNAL, Leandro. *Todos contra todos:* o ódio nosso de cada dia. Rio de Janeiro: Leya, 2017. p. 32.

30 A CADA 23 minutos um jovem negro está sendo assassinado no Brasil, diz pesquisadora. *TV Senado*, Brasília, DF, 6 dez. 2018. Disponível em: https://www12.senado.leg.br/tv/programas/noticias-1/2018/12/a-cada-23-minutos-um-jovem-negro-esta-sendo-assassinado-no-brasil-diz-pesquisadora. Acesso em: 15 maio 2024.

31 RODRIGUES, Cleber; FILARDI, Isabela. Negros somam 80% das mortes violentas de jovens no país, aponta estudo. *CNN Brasil*, São Paulo, 15 dez. 2021. Disponível em: https://www.cnnbrasil.com.br/nacional/negros-somam-80-das-mortes-violentas-de-jovens-no-pais-aponta-estudo/. Acesso em: 27 jun. 2024.

32 PASSOS, Gésio. Quase 70% do total de pessoas presas no Brasil são negros. *Agência Brasil*, Brasília, DF, 21 jul. 2023. Disponível em: https://agenciabrasil.ebc.com.br/en/node/1544795. Acesso em: 27 jun. 2024.

33 SOARES, Vanessa de Sousa; ALEIXO, Klelia Canabrava; ROBERTO, Záira Jesus Pereira. Colonialidade do poder e direito penal: reflexão sobre a população carcerária brasileira e a seletividade do poder punitivo. *Argumenta Journal Law*, Jacarezinho, n. 38, p. 185-208, 2022.

34 JUÍZA de Vara Criminal diz que réu não parece bandido por ser branco. *Jusbrasil*, [s. l.], 2019. Disponível em: https://www.jusbrasil.com.br/noticias/juiza-de-vara-criminal-diz-que-reu-nao-parece-bandido-por-ser-branco/681692157. Acesso em: 15 maio 2024.

35 ALFANO, Bruno. Proporção de negros nas universidades cai pela primeira vez desde 2016. *O Globo*, Rio de Janeiro, 8 jun. 2023. Disponível em: https://oglobo.globo.com/brasil/educacao/noticia/2023/06/proporcao-de-universitarios-negros-cai-pela-primeira-vez-desde-2016.ghtml. Acesso em: 27 jun. 2024.

36 CRISE da democracia e direitos humanos, com Eugenio Raul Zaffaroni. [S. l.: s. n.], 2021. 1 vídeo (91 min). Publicado pelo canal Instituto Lula. Disponível em: https://www.youtube.com/watch?v=bx2Lby8Kd0A. Acesso em: 17 ago. 2024.

37 MERITOCRACIA: Felipe Neto e Leandro Karnal. [S. l.: s. n.], 2021. 1 vídeo (65 min). Publicado pelo canal Prazer, Karnal. Disponível em: https://www.youtube.com/watch?v=ZDGjPsjfIGU. Acesso em: 20 de jul. 2024.

38 GEORGE Floyd: Governo dos EUA diz que polícia de Minneapolis faz uso excessivo da força e discrimina negros. *g1*, [s. l.], 16 jun. 2023. Disponível em: https://g1.globo.com/mundo/noticia/2023/06/16/george-floyd-governo-dos-eua-diz-que-policia-de-minneapolis-faz-uso-excessivo-da-forca-e-discrimina-negros.ghtml. Acesso em: 30 jun. 2024.

39 BULLARD, Robert D. *Confronting environmental racism*: voices from the grassroots. Boston: South End, 1993.

40 DR HÉDIO Silva Jr sobre sacrifícios de animais em rituais religiosos no STF. [S. l.: s. n.], 2018. 1 vídeo (8 min). Publicado pelo canal Professor Ronildo Nicodemos. Disponível em: https://www.youtube.com/watch?app=desktop&v=6-i5QXyb934. Acesso em: 27 jun. 2024.

41 JESUS, Carolina Maria de. *Quarto de despejo*. São Paulo: Ática, 2019. p. 55.

42 BORGES, Rebeca. Silvio Almeida sobre ser "intelectual demais": "Burrice e racismo". *Metrópoles*, [s. l.], 2 fev. 2024. Disponível em: https://www.metropoles.com/brasil/silvio-almeida-sobre-ser-intelectual-demais-burrice-e-racismo. Acesso em: 15 maio 2024.

43 MORENO, Ana Carolina. Negros representam apenas 16% dos professores universitários. *g1*, [s. l.], 20 nov. 2018. Disponível em: https://g1.globo.com/educacao/guia-de-carreiras/noticia/2018/11/20/negros-representam-apenas-16-dos-professores-universitarios.ghtml. Acesso em: 27 jun. 2024.

44 DAVIS, Angela. *Mulheres, raça e classe*. São Paulo: Boitempo, 2016. p. 110.

45 BENTO, Cida. *O pacto da branquitude*. São Paulo: Companhia das Letras, 2022.

46 O CONTRÁRIO de machismo é inteligência. [S. l.: s. n.], 2022. 1 vídeo (15 s). Publicado pelo canal CanaldoCortella. Disponível em: https://www.youtube.com/shorts/XVUmbtSBF44. Acesso em: 27 jun. 2024.

47 ADICHIE, Chimamanda Ngozi. *Sejamos todos feministas*. São Paulo: Companhia das Letras, 2015.

48 MANGAN, Lucy. Apresentação. In: MCCANN, Hannah (org.). *O livro do feminismo*. Rio de Janeiro: Globo, 2019. p. 11.

49 MCCANN, Hannah (org.). *O livro do feminismo*. Rio de Janeiro: Globo, 2019.

50 Simone de Beauvoir. Escritora e ativista feminista. Frase tirada de *O livro do feminismo*, organizado por Hannah McCann, p. 14.

51 BLUM, Bárbara. Mulheres não presidem Câmaras Municipais em nenhuma capital do Brasil. *Folha de S.Paulo*, São Paulo, 29 mar. 2024. Disponível em: https://www1.folha.uol.com.br/poder/2024/03/mulheres-nao-presidem-camaras-municipais-em-nenhuma-capital-do-brasil.shtml. Acesso em: 27 jun. 2024.

52 NALIN, Carolina. Mulheres em cargos de liderança ganham 78% do salário dos homens na mesma função. *O Globo*, Rio de Janeiro, 8 mar. 2024. Disponível em: https://oglobo.globo.com/economia/noticia/2024/03/08/mulheres-em-cargos-de-lideranca-ganham-78percent-do-salario-dos-homens-na-mesma-funcao.ghtml. Acesso em: 27 jun. 2024.

53 Citação de Judith Butler. Escritora e ativista feminista. Disponível em: https://www.pensador.com/frase/MjQ0MDE5MA/. Acesso em: 20 jul. 2024.

54 CARMO, Rafaela Aparecida Batista do; MOTA, Geová Nepomuceno. A sexualização da mulher negra

e o estupro: um estudo sobre o estupro desde a época da escravidão. *In*: VILAS BOAS NETO, Francisco José *et al.* (org.). *Estudos relevantes de direito*: volume III: XVI jornada de estudos jurídicos da Faculdade de Pará de Minas. Pará de Minas: Editora Fapam, 2023. p. 49. Disponível em: https://www.fapam.edu.br/graduacao/wp-content/uploads/2024/03/Estudos--Relevantes.-Volume-III.-2024-FINALIZADO.pdf. Acesso em: 17 ago. 2024.

55 Poema recitado por Gabrielly Nunes no segundo episódio do documentário Guerras do Brasil. GUERRAS do Brasil.Doc: Capítulo 2. Direção: Luiz Bolognesi. [*S. l.*], [*s. n.*], 2019. 1 vídeo (26 min). Disponível em: https://www.youtube.com/watch?v=8MDcZAYFf80. Acesso em: 27 jun. 2024.

56 FONSECA, Edna Silva; JORGE, Marco Antonio. A discriminação da mulher negra no mercado de trabalho: uma análise comparativa do rendimento no trabalho na Bahia versus Brasil no período de 2001 e 2015. *Planejamento e Políticas Públicas*, Brasília, DF, n. 60, p. 265-302, 2022. Disponível em: https://www.ipea.gov.br/ppp/index.php/PPP/article/view/1351. Acesso em: 17 ago. 2024.

REFERÊNCIAS

BRASIL. [Constituição (1988)]. *Constituição da República Federativa do Brasil de 1988*. Brasília, DF: Presidência da República, [2023]. Disponível em: https://www.planalto.gov.br/ccivil_03/Constituicao/Constituicao.htm. Acesso em: 27 jun. 2024.

BRASIL. *Decreto-Lei nº 2.848, de 7 de dezembro de 1940*. Código Penal. Brasília, DF: Presidência da República, [2014]. Disponível em: https://www.planalto.gov.br/ccivil_03/decreto-lei/del2848compilado.htm. Acesso em: 27 jun. 2024.

BRASIL. *Lei nº 11.340, de 7 de agosto de 2006. Cria mecanismos para coibir e prevenir a violência doméstica e familiar contra a mulher* [...]. Brasília, DF: Presidência da República, 2006. Disponível em: https://www.planalto.gov.br/ccivil_03/_ato2004-2006/2006/lei/l11340.htm. Acesso em: 27 jun. 2024.

BRASIL. Lei nº 7.716/89. Define os crimes resultantes de preconceito de raça ou de cor. Brasília, DF: Presidência da República, [2012]. Disponível em: https://www.planalto.gov.br/ccivil_03/leis/l7716.htm. Acesso em: 27 jun. 2024.

CORTE INTERAMERICANA DE DIREITOS HUMANOS. História. *Corte Interamericana de Direitos*

Humanos, San José, Costa Rica, [2024]. Disponível em: https://www.corteidh.or.cr/historia.cfm?lang=pt. Acesso em: 27 jun. 2024.

DAVIS, Angela. As mulheres negras na construção de uma nova utopia. *Portal Geledés*, São Paulo,12 jul. 2011. Disponível em: https://www.geledes.org.br/as-mulheres-negras-na-construcao-de-uma-nova-utopia-angela-davis/. Acesso em: 27 jun. 2024.

FERREIRA, Anna Lara. VILAS BOAS NETO, Francisco José. Entre símbolos e realidades: a construção social da violência contra as mulheres e a efetividade da Lei Maria da Penha. *SynThesis*. Pará de Minas, v. 12, n. 1, p. 141-166. 2023. Disponível em: https://periodicos.fapam.edu.br/index.php/synthesis/article/view/658. Acesso em: 17 ago. 2024.

HARARI, Yuval Noah. *Homo Deus*: uma breve história do amanhã. São Paulo: Companhia das Letras, 2015.

RIBEIRO, Djamila. *Pequeno manual antirracista*. São Paulo: Companhia das Letras, 2019.

VILAS BOAS NETO, Francisco José. Notas sobre a Corte Interamericana de Direitos Humanos e os casos envolvendo o Brasil. *SynThesis*. Pará de Minas, v. 13, n. 1, p. 77-100, 2024.

VILAS BOAS NETO, Francisco José; RIBEIRO, Elton Vitoriano. Por uma ética inutilitarista: uma hipótese de humanismo a partir do construtivismo de Rawls. *Contribuciones a las Ciencias Sociales*, Curitiba, v. 17, n. 4, p. 1-46, 2024.

AGRADECIMENTOS

Agradeço e dedico este livro a Amanda D'Assumpção (esposa) e Marta Vilas Boas (mãe), meus dois maiores exemplos de mulheres fortes e incríveis.

Pelos diálogos, amizade e incentivo, agradeço às advogadas Aderlane Fernandes e Luciana Fernandes, que mesmo sem saber contribuíram com muitas das ideias tratadas nestas páginas.

Agradeço aos amigos de escritório, em especial ao dr. Guilherme Pacheco e ao dr. José Humberto, pela compreensão, apoio e amizade.

Agradeço à professora e advogada Záira Pereira, primeira a ler o original do livro, me auxiliando com perspectivas e reflexões e que generosamente aceitou o convite para a elaboração do prefácio.

Pelo apoio na preparação, produção e divulgação do livro, agradeço a toda a equipe editorial.

FONTE Janson Text LT Std
PAPEL Pólen Natural 80 g/m²
IMPRESSÃO Paym